Phänomen-Verlag

MATTHIAS THIELE

SEI! DU! SELBST!

EINE KRITIK DES RADIKALEN HUMANISMUS

Bibliografische Information Der Deutschen Bibliothek:

Die Deutsche Bibliothek verzeichnet diese Publikation in der Deutschen Nationalbibliografie; detaillierte bibliografische Daten sind im Internet über http://dnb.ddb.de abrufbar.

Matthias Thiele
Sei! Du! Selbst!
EAN 978-84-949856-5-2

Phänomen-Verlag
Web: www.phaenomen-verlag.de
E-Mail:kontakt@phaenomen-verlag.de

Satz & Gestaltung: Phänomen-Verlag

MATTHIAS THIELE

SEI! DU! SELBST!

EINE KRITIK DES RADIKALEN HUMANISMUS

Über den Autor

Matthias Thiele, geboren 1972, ist Diplom-Psychologe und freier Schriftsteller. Nach Sachbüchern zu Themen der Psychologie, Kulturtheorie und Ästhetik erschien 2018 der Roman *Und im Abgrund wohnt die Wahrheit*. Matthias Thiele lebt und arbeitet in Leipzig.

Inhalt

1

Der Mensch im Zentrum: Das humanistische Großprojekt

Mensch und Gott verband seit den Vorkommnissen im Garten Eden eine schwierige Beziehung. Und doch konnten Menschen ungeachtet des Rauswurfs lange nicht anders, als ihre Kosmologien nur mit Ihm im Zentrum zu denken. Auch vergaß man lange nicht, dass jede Selbstwirksamkeitserfahrung des Menschen während der Kultivierung der Erde nur durch Seine ausdrückliche Erlaubnis, ja Sein Diktat möglich war: Macht euch die Erde untertan! Der Mensch der westlichen und nahöstlichen Kulturen dachte sich als Schöpfung und damit als einen Teil der göttlichen Sphären; er sprach von Schicksalsabhängigkeit, Gottgegebenheit und von unergründlichen Wegen.

Doch der Mensch, zwar noch im Gottvertrauen, aber praktisch doch auf sich gestellt, richtete seinen Blick vermehrt ins Unbekannte, dorthin, wo einst Gottes Wohnstatt vermutet worden war. Gott fand der Mensch mit Hilfe der Naturwissenschaften nicht, wohl aber Gesetzmäßigkeiten, deren Entdeckung er zunehmend als Ausdruck eigenen Vermögens verstand.

Die Suche nach Erkenntnis und damit das Bringen des Lichts in das Dunkel des Unverständnisses ließ in uns ein Gefühl dafür entstehen, zu was wir fähig sein können. Der Fähigkeit zur Erkenntnis folgte die Erfahrung geistiger wie materieller Schöpfung. Immanuel Kant sprach von Naturgesetzen, die unserem eigenen Geist entspringen und die wir der Natur überhülfen. Mentale Netzwerke bildeten Metanetzwerke; wir stahlen Gott die Augen. Jesus nannte Ihn noch Vater, Nietzsche tötete Ihn, seitdem sind wir allein.

Wir nennen es Humanismus.

Wir stehen als Menschheit und als Einzelne heute vor einer Reihe von Problemen, die wir so aus der Geschichte noch nicht kennen. Ein wesentliches Merkmal des Großteils dieser aktuellen Probleme ist, dass sie Folgen menschlicher Entscheidungen und menschlichen Handelns sind. In den letzten Jahrtausenden trafen Völker eher auf Probleme, die sie in der Natur vorfanden, beispielsweise ungünstige klimatische Verhältnisse, Fruchtbarkeit von Böden, natürliche Feinde in der Tierwelt oder Krankheiten. Für diese Probleme wurden Lösungen entwickelt, die letztlich spezifische Kulturen hervorbrachten.

Die ökologischen Probleme, denen wir aktuell gegenüberstehen, sind überwiegend Folgen menschlicher Einflussnahmen der Vergangenheit. Wälder wurden abgeholzt, Erdöl und Erdgas gefördert und verarbeitet, die Luft in Großstädten verpestet, Plastikpartikel schwimmen heute in Form riesiger Müllinseln in den Ozeanen.

Die Erfahrungsfelder der meisten Menschen sind heute mehrheitlich Teil künstlicher Strukturen architektonischer wie städtebaulicher Art. Künstliche Infrastrukturen bestimmen sowohl die Qualität der Bewegung im Raum, als auch die der Kommunikationen. Wahrnehmung und Aufmerksamkeit der Menschen werden bestimmt durch medial vermittelte Themen und Bilder. Kinder verbringen heute so viel Zeit in geschlossenen Räumen, wie in der ganzen

Geschichte der Menschheit nicht. Die Folge ist eine rasante Zunahme von Sehschwächen, eine Zunahme von Allergien und chronischen Krankheiten.

Der Planet verändert sich und mit ihm das Leben der Menschen und deren Psyche. Diese Veränderungen sind erstmals nicht als natur- oder gottgegeben, sondern als direkte Folgen menschlicher Gestaltungsmacht zu verstehen. Einige Wissenschaftler schlagen sogar den Begriff des Anthropozäns für die erdgeschichtliche Gegenwart vor.

Der Mensch erhob sich einst über die vorgefundenen natürlichen Gegebenheiten, war nicht bereit, Kälte, Hunger, Krankheit untätig hinzunehmen.

Diese Erfahrungen eigener Wirkmächtigkeit ermutigten den Menschen, auch seine Philosophien und Welterklärungen zu überdenken. Mit der Beobachtung, dass Menschen nicht nur Schöpfung, sondern auch Schöpfer sein können, richtete sich der Blick der Philosophie spätestens seit der italienischen Renaissance auch auf den Menschen selbst. Am interessantesten aber ist, dass in diesem Zuge der Mensch sich auch gegen die Unwägbarkeiten der natürlichen Ereignisse stellte: In der Natur gibt es keine Gerechtigkeit, in ihr gibt es multidimensionale Kausalitäten. Der Mensch begann, der Unüberschaubarkeit dieser Kausalitäten (die er Zufall und Schicksal nannte) ein Konzept humaner Ethik entgegenzustellen. Die philosophische Strömung, die damals entstand und im Laufe der Jahrhunderte zur bestimmenden Einflussgröße auf die vorherrschenden Menschenbilder wurde, trägt sein Programm im Namen: Humanismus.

Wenn von Humanismus die Rede ist, denkt man zumeist an dessen ethische Implikationen, an Werte wie die der Würde jedes einzelnen Menschen, an gleiche Rechte Aller ungeachtet individueller, sozialer und politischer Hintergründe, an Mitgefühl, Rücksichtnahme und überhaupt das Streben, für den Anderen nur das Beste zu wollen. Diese ethischen Werte sind allerdings lediglich Ableitungen aus dem ontologischen Konzept „Humanismus", nicht aber dessen weltanschaulicher Kern.

In diesem Kern heißt Humanismus, dass der Mensch selbst in den Mittelpunkt des menschlichen Lebens und Erklärens, des menschlichen Strebens und Interesses gerückt ist, und damit Gott, Götter, Geister, Dämonen, Naturkräfte, Schicksalsgeflechte, gewoben von Nornen und Moiren, als alleinige Bestimmungsfaktoren der Ereignisse abgelöst hat. Es handelt sich um eine geistesgeschichtliche Revolution mit ungeheurem Aggressionspotential: Im christlichen Kosmos stand nicht der Mensch im Mittelpunkt, sondern Gott. Aber als Gottes Liebling konnte sich der Mensch zumindest auf abstrakte Weise an dessen Seite denken. Deshalb die theologischen Kämpfe gegen die astronomischen Befunde von Kepler, Kopernikus und Galilei: Solange die Erde als Gottes Schöpfung im Zentrum des Universums stand, lebte als Passagier auch der Mensch im Zentrum, ohne selbst Zentrum sein zu müssen. Die Zentrumsposition war eine Gnade, ein Geschenk. Kopernikus und Kollegen zerlegten die Illusion dieser Gnade. Das humanistische Projekt kreiste um den tollkühnen Handstreich, zu behaupten, egal, wo die Erde stehe, und auch egal, ob die Sonne nur ein Stern unter vielen sei – das Zentrum sei immer dort, wo der Mensch ist.

Zwar sorgte die frühe Psychologie, vor allem durch Sigmund Freud, noch einmal für eine Irritation, indem sie behauptete, dass es egal sei, ob das Zentrum dort wäre, wo der Mensch ist, da er sich, getrieben von unbewussten naturgegebenen Kräften, selbst nicht erkennen könne. Allerdings lieferte Freud auch gleich den Lösungsansatz mit: die Psychoanalyse, das Ins-Bewusstsein-Heben des unbewussten Materials. Wenn also die Psychoanalyse, und in ihrem Gefolge die ganze Tiefenpsychologie, kurz irritierend auf den Humanismus gewirkt haben mochte, gab sie ihm letztlich doch einen entscheidenden Schub. Nicht mehr das Gebet, nicht die ichauslöschende Meditation, sondern die systematische Selbsterkenntnis wurde mit dem Aufkommen der Tiefenpsychologie gegen Ende des 19. Jahrhunderts zur Festigungspraxis der universellen Zentrumsposition des Menschen.

Die psychologische Selbsterkenntnis aber erweist sich als eine unendliche, da sie keine klaren Aussagen über Ausgangs- und Endpunkte trifft. Einmal mit ihr begonnen, verliert man sich in einem Labyrinth, das in regelmäßigen Abständen Trophäen des Verstehens bereitstellt, um den Umherirrenden auf Trab zu halten. Die psychologische, vor allem die psychoanalytische Suche wird Selbstzweck eines haltlos gewordenen Trudelns im chaotischen Dunkel. Sie hinterlässt kleine und schnell erlöschende Lichtspuren, genug, um die Illusion von Erkenntnis aufrecht zu erhalten, zu wenig, um aus der Heideggerschen Dunklung eine stabile Lichtung zu machen.

Der Grund ist einfach: Die Psychologie stellt keine Kosmologie bereit. Kosmologien, so unterschiedlich sie sein mögen, stellen immer den Menschen in einen größeren, überdauernden und überpersönlichen Zusammenhang.

Der Mensch ist Teil von größeren Einheiten, die wiederum miteinander eine kosmische Einheit ergeben. Welterklärungsmodelle des kosmologischen Typs tragen somit immer auch eine Dimension der Demut in sich, eine Dimension humaner (nicht humanistischer) Bescheidenheit. Die damit verbundenen transpersonalen Wirkkräfte bilden gemeinsam das, was unter dem Begriff *Schicksal* zusammengefasst wird. Wenn der einzelne Mensch jedoch kein Schicksal mehr hat, wird er geschichtlich. Und welche Geschichte sollte für ihn einen Sinn ergeben, wenn diese Historizität fatalistisch mit dem Tod endet? Das bedeutet: Die Psychologie tritt mit dem Versprechen an, Klarheit über die menschliche Verfassung zu schaffen, kann aber keinen übergeordneten Sinn bereitstellen. Aus der Suche wird ein ontologischer Konstruktionsprozess, der unendlich fortgesetzt werden kann. Insofern ist die Psychologie eine legitime Tochter des Humanismus. Mehr noch, sie ist die humanwissenschaftliche Fundierung eines Radikalen Humanismus, der keine transpersonale Einbindung mehr kennen möchte.

Der frühe Humanismus der Renaissance bis in die Zeiten der Aufklärung war noch verwoben mit Gottesvorstellungen, ging noch Allianzen mit dem Theismus des Christentums ein. Der Mensch stand zwar im Mittelpunkt des Interesses, nicht aber im Mittelpunkt der Welt. Der Prozess der Entnabelung von der Wirkmächtigkeitsversorgung durch göttliches Wollen und göttliche Wege, (die, im Gegensatz zu menschlichen Wegen, unergründlich sind) stand noch aus.

Der Tod Gottes durch Nietzsche wird zu einer konstruktivistischen Zäsur.

Es war vielleicht nur Zufall, dass kurz nach Nietzsches Verkündung des Gottesmordes der Humanismus in seine entscheidende Radikalität eintrat. Aus dem ursprünglichen Humanismus begann Radikaler Humanismus zu werden. Die Länder des Westens bringen nun nicht mehr das Christentum in die besetzten Länder des Nahen Ostens und der Dritten Welt, sondern die Demokratie.

Denn was geschieht, wenn sich der Gedanke des Humanismus radikalisiert? Wenn sich die Idee vom Menschen im Zentrum des Universums verselbstständigt und alle Bindungen an Konzeptionen eines Größeren kappt?

Radikaler Humanismus ist die teleologische Unabhängigkeitserklärung des Menschen.

Der Mensch des westlichen Kulturkreises versucht sich von den Bindungen des Väterlich-Mütterlichen zu befreien, versucht also die Wirkmacht des Lebens von den Großen Anderen (der Natur, der Götter, des Gottes) auf sich selbst zu übertragen. Der Mensch entnabelt sich und erzwingt seine humanistische Autonomie gegenüber theistischen Vorstellungen.

Für den einzelnen Menschen hat der Radikale Humanismus gravierende Folgen: Alle Motive und alle Gründe für seinen Erfolg und sein Scheitern liegen nun nur noch in ihm selbst. Seinen Lebensvollzug, wie auch immer dieser sich gestalten mag, verantwortet er von nun an allein. Schicksalhafte Bestimmungen durch Einbindungen in umfassendere Wirkgefüge verbieten sich von nun an als Entschuldigungen. Es sind seine ureigenen individuellen Eigenschaften, die ihn gewinnen oder verlieren lassen: seine genetische Veranlagung, seine Intelligenz, hauptsächlich aber sein Bemühen und Streben. Damit ist dem Menschen die alleinige psychische und metaphysische Verantwortungslast für das Gelingen und Gestalten des eigenen Lebens auf die Schultern gelegt worden, eine Last, die zwangsläufig zu mannigfaltigen Überlastungsreaktionen führt.

Dies gilt ebenso für die Menschheit an sich. Globale Probleme, von Klima über Wetter bis Gewalt und Komfort, obliegen nun einzig der Verantwortung des Menschen.

Die Folge ist heute ein exzessiver Neoliberalismus[1] mit einer radikal-humanistischen Grundeinstellung. Hinter Neoliberalismus und Humanismus wirkt dasselbe Motiv: Der Drang nach humaner Selbstermächtigung.

Humanismus heißt nicht nur, Menschenrechte einfordern zu dürfen, Humanismus verlangt vom Einzelnen auch die Pflicht eigener Entscheidungen über sein Leben. Wird der einzelne Mensch zur wesentlichen Entscheidungsinstanz über seinen Lebenslauf, wird er in gleichem Maße entbunden von möglichen transpersonalen Wirkfaktoren (Gott, Götter, Schicksal, Bestimmungen welcher Art auch immer), bis sich diese in der radikal-humanistischen Ideo-

1. Neoliberalismus wird hier verstanden als eine wirtschaftspolitische Haltung, die eine von staatlichen Regulierungen freie Unternehmenstätigkeit im globalen Raum befürwortet. Der Begriff ist ein wirtschaftsphilosophischer, während verwandte Begriffe, wie beispielsweise Monopolkapitalismus, eher auf die strukturelle Dimension verweisen. Seitdem Unternehmen (auch) juristisch als Körperschaften gesehen werden, können sie intern frei von den demokratischen Prinzipien agieren, die die jeweiligen Staaten vertreten. Als Körperschaften sind sie zwar gebunden an die Regulierungen des öffentlichen Lebens, nicht aber in ihren inneren Strukturen. Ihr Interesse besteht darin, diese inneren Freiheitsgrade möglichst aufrecht zu erhalten.

logie gänzlich auflösen. Das Leben des Menschen obliegt dann nur noch seiner Verantwortung und seiner ganz eigenen Wesensart. War der Individualismus, der sich aus den Werten der Aufklärung ergab, noch ein Tribut an die Vielfältigkeit der Menschen einer Gemeinschaft, wird heute das Individuum zu einer Chimäre, zu einem atomisierten Wesen eigenen Typs, von dem es kein zweites geben kann.

Ein radikalisierter Individualismus fordert die selbstgestalterische Vereinzelung des Menschen. Ich werde in diesem Essays zeigen, dass der Radikale Humanismus als implizite Ideologie der westlichen Welt tradierte identitätsstiftende Verbindungen *zwischen* Menschen zu verhindern sucht.

Solche Einheiten und Verbindungen können Familien, Nationen, Religionen, Kulturen, Weltbilder, Klassenzugehörigkeiten, ethnische Zugehörigkeiten und vieles andere mehr sein. Das ist ein heikles Thema: Mit Recht haben Philosophen und Lehrer des letzten Jahrhunderts[2] immer wieder auf die Gefahr von Identifikationen mit solchen Konstrukten hingewiesen. Das Auflösen von Identifizierungen sollte aber als natürliches Ergebnis am Ende einer kognitiv-affektiven Ich-Reifung stehen und nicht als fremdbestimmte Aufgabe an den Anfang gesetzt werden.

Sowohl philosophische und gesellschaftsanalytische Strömungen als auch wissenschaftliche Paradigmen wurden in der Geschichte nicht selten zur ideologischen Rechtfertigung von Machtstrukturen oder -bestrebungen ausgenutzt. Marx´ Theorien wurden in den sozialistischen Diktaturen, die biologischen Evolutionstheorien im libera-

2. Unter vielen anderen zum Beispiel Jiddu Krishnamurti und C.G. Jung.

len und neoliberalen Kapitalismus ideologisiert. Den Werten der Aufklärung erging es nicht viel anders. Deren Ideen von Selbstbildung (Schiller), Mündigkeit des Bürgers (Kant), Pantheismus (Goethe) und religiöser Toleranz (Lessing) erfuhren eine durchaus zwiespältige Geschichte. Einerseits haben diese zu einer zunehmenden Auflösung von Unterdrückungsmechanismen und mehr persönlichen Freiheiten in den westlichen Ländern geführt, andererseits wurden diese Werte auch aus machtpolitischem Kalkül immer wieder instrumentalisiert.[3]

Ich werde in diesem Essay anhand ausgewählter Themenbereiche aufzeigen, dass und auf welche Weise ein radikalisierter und damit pervertierter Humanismus Menschen durch die Totalisierung von Individualität in lebensverantwortliche Vereinzelungen treibt und welche gesellschaftspolitischen Folgen sich daraus ergeben.

In der Aufforderung „Sei du selbst!" bündelt sich das grundsätzliche Paradoxon des Radikalen Humanismus. Was in eine vermeintliche Erlaubnis zur freien Selbstgestaltung gekleidet ist, entpuppt sich als eine unerbittliche Direktive, die dem Menschen implizit zu verstehen gibt, alles Mögliche, nur nicht er selbst zu sein, es aber sein zu können. An dieser Aufgabe erfährt der Mensch unserer Tage sein zum Programm gewordenes Versagen in eigener

3. Beispiele sind die von dem preußischen König Friedrich II. eingeführte Religionsfreiheit, die allerdings eher die damals dringend benötigte Zuwanderung von Bauern und Arbeitskräften und weniger die Umsetzung der Voltaire´schen Ideale im Blick hatte, und die amerikanische Verfassung, die die Macht der einflussreichen Macht- und Finanz-Eliten Nordamerikas sichern sollte. Obwohl diese Entwicklungen machtpolitisch motiviert waren, trugen sie aber dennoch zur Verbreitung humanistischer Werte bei.

Sache. Das individuelle Sein wird zu einer Leistung, die zu erbringen ist, aber nie abschließend erbracht werden kann. Die Konsequenz ist eine Verhinderung von persönlichen Identitätsgefühlen und damit die Erzeugung einer permanenten Stresskultur. Der postmoderne Mensch, angeschlossen an die digitale Vernetzung, die ihm diese paradoxe Aufforderung Tag für Tag in den Wahrnehmungsraum stellt, wird zu einem seiner selbst zutiefst unsicheren und damit manipulierbaren Objekt.

Die Werte des Humanismus und der Aufklärung sind vermutlich die wertvollsten Errungenschaften des Abendlandes und die besten philosophischen und ethischen Grundlagen, die wir als Kultur hervorgebracht haben. Doch aus genau diesem Grund halte ich es für nötig, ihre Kehrseiten, ihre Anfälligkeiten für Korruptionen, ihren Missbrauch und ihre Verzerrungen aufzuzeigen.

Dies ist keine Schrift gegen die Ideale des Humanismus, sondern eine zu ihrer Verteidigung und, in einigen Fällen, ihrer Wiederherstellung.

2

Schicksal und Selbstwirksamkeit

Der Radikale Humanismus behauptet und fordert die Selbstgestaltung eines Menschenlebens. Der Begriff des Schicksals ist ihm fremd, das Geworfensein in Umstände, für die man nichts kann, ignoriert er.

Uns erscheint der Imperativ zur Gestaltung unseres Lebens mittlerweile als selbstverständlich, und das Unterworfensein unter „höhere Mächte" als naiv und gestrig. Doch die Gestaltung unseres eigenen Lebens macht uns auch verantwortlich für Glück und Unglück, für Leid und Freude, für Erfolg und Misserfolg.[4] Es mag dem Selbstwertgefühl gut tun, sich selbst als Verursacher von Erfolgen zu begreifen, doch entsprechend minderwertig wird man sich bei Misserfolgen fühlen, wenn man sich selbst als deren „Schmied" sehen muss. Nicht wenige erfolgreiche Menschen, Künstler und Musiker etwa, antworten auf die Frage, was zu deren Erfolg beigetragen hat: jede Menge Glück. Wer tatsächlich Erfolg hat, weiß, dass nicht nur eigene Anstrengung und Disziplin Erfolg bedingen, sondern dass das mitgebrachte „Eigene" eine notwendige Voraussetzung ist, die auf glückliche Umstände treffen muss.

4. Diese Ausführungen beziehen sich auf den westlichen Kulturkreis. Im Hinduismus etwa kennt man seit Jahrtausenden die Idee des Karmas, doch hat diese andere Ursachen und eine andere Einbettung in das kulturbedingte Weltbild.

Die Nornen

Unsere nordischen Vorfahren erzählten sich den Mythos der drei Nornen, die die Schicksalsfäden weben.

Urd webt die großräumigen Muster über Tausende von Jahren und damit die unserer Herkunft in der Tiefe der Zeit, aber auch die großen allgemeinen Bedingungen unseres Lebens, etwa das Leben auf dem Planeten Erde, die Jahreszeiten, denen wir in bestimmten Breitengraden unterworfen sind, mächtige historische Ereignisse und ähnliches.

Verdandi webt das Muster unserer unmittelbar erfahrbaren Umgebung, unsere Beziehungen zu Menschen, die wir persönlich kennen, Familie, Freunde, Kollegen, damals der Stamm oder der Clan, vielleicht auch die Nachbarstämme, sofern sie einen direkten Einfluss auf deren Leben hatten.

Erst *Skuld*, die dritte der Nornen, webt das Schicksal des Einzelnen und damit auch den Spielraum für individuelle Entscheidungen, die dem Leben mitunter tatsächlich eine neue Richtung geben können.

Dieser Entscheidungsspielraum aber ist eingegrenzt auf die Möglichkeiten, die einem Individuum zur Verfügung stehen. Wenn es etwa hagelt, liegt das nicht im Bereich von Skuld, sondern im Bereich von Urd. An dieser Tatsache trägt der einzelne Mensch keinerlei Verantwortung, oder, wie der Name der Norne Skuld es bereits suggeriert, keinerlei Schuld. Im Entscheidungs- und Handlungsraum von Skuld liegt aber die Art und Weise, wie sich jemand angesichts des Hagels verhalten wird. Vielleicht beschließt er sich unterzustellen, oder er stellt sich in den Hagel und verlangt ganz masochistisch nach mehr.

Stark vereinfacht also ließe sich aus diesem Mythos unserer Vorfahren ableiten, dass die Gestaltbarkeit des Lebens zu etwa einem Drittel bei uns selbst liegt, zu zwei Dritteln aber „Schicksal" ist, Schicksal in dem Sinne, dass wir bestimmten Bedingungen unterworfen sind, die wir weder verursacht haben, noch ändern können. Auch das Leben in Beziehungen ist nicht allein unserem Willen und unseren Anstrengungen unterworfen, sondern immer auch dem Wollen und Wünschen unserer Mitmenschen. Eine gescheiterte Beziehung etwa liegt sicher zu einem gewissen Anteil an uns selbst, aber auch an unserem Beziehungspartner – und mehr noch: an jenem dritten Element, dass durch Beziehung von Menschen erst entsteht, die feine Resonanzachse, die zwischen zwei und mehr Menschen durch ein lebendiges Miteinander entsteht. Hier wirkt der Gültigkeitsbereich der zweiten Norne, Verdandi.

Sich einem Schicksal ergeben können, das man nicht ändern kann, kann sehr erleichternd sein. Der größte Stressor angesichts von schwerem Schicksal ist ja die Schuldfrage – oder, wie man in der Psychologie sagt, die Art der Attribution, also der Ursachenzuschreibung. Untersuchungen in der Medizin haben gezeigt, dass die Heilungszeit nach einem Unfall ungleich kürzer ist, wenn der Betroffene weiß, dass er an diesem keine Schuld trug. Ebenso zeigen nüchterne Zahlen, dass auch religiöser Glaube die Heilung bei Krankheiten begünstigt und die Betroffenen schneller gesund werden. Der Grund liegt in der innerpsychischen Entlastung, für Krankheit oder Unfall nicht alleiniger Verursacher zu sein. Diese kognitiv-emotionale Entspannung mindert das Stresserleben und fördert damit die Regenerierungskräfte des Organismus.

Haben wir dann eine Wahl? Wenn die ersten beiden Nornen ihre Fäden bereits weben und gewebt haben? Ja. Schauen wir in die Mythen, um entsprechende Rückendeckung zu bekommen:

Achilles

Der größte Held der Ilias stand einst vor der Wahl: Er konnte zu einem der meistbesungenen Heroen aller Zeiten werden, würde aber jung sterben – oder er konnte ein langes Leben haben, nach dem Tod aber vergessen werden. Er entschied sich für das Heldentum. Spätestens als der listige Odysseus den Mädchen, unter denen sich auch der verkleidete Achilles befand, die Geschenke zeigte – Glitter, Kleider, Schmuck und Waffen – und als Achilles zum Schwert griff, war die Entscheidung gefällt.

Achilles rastete in das Muster eines mächtigen Archetypus ein und füllte ihn mit Bravour aus.

Der Mythos verleiht dem Archetypus bildhafte Form. Der Mythos erzählt auch von der Entscheidung, die dem gelebten Archetypus vorangehen muss, er berichtet ebenso von den Folgen, von dem Leid, aber auch von den Freuden, von der Erfüllung. Der Mythos ist das Protokoll eines in die Wirklichkeit gesprungenen Archetypus unter Berücksichtigung aller möglichen Begleitvariablen.

Am Beispiel des Achilles sehen wir aber auch, dass ein bestimmter Archetypus nur jenen Menschen zur Verfügung steht, die ihn auch auszufüllen vermögen. Dem jungen Achilles begegnet der Archetypus des unbezwingbaren Kriegers, nicht aber der des empfindsamen Sängers, den zum Beispiel Orpheus besser ausfüllen konnte. Es braucht also eine gewisse Passung zwischen den Anlagen des Menschen und der Struktur des Archetypus. Die Welt ist voll von gescheiterten Menschen, die zwanghaft einen Archetypus zu leben versuchen, dessen Muster sie gar nicht ausfüllen können – von Kriegern, die zwar besiegt werden aber nicht sterben, die nie Helden und vergessen werden, von Sängern, die über die Fußgängerpassage nicht hinauskommen werden, egal wie gut ihr Handwerk auch sein mag. Ist es nicht verwunderlich, dass etwa Bob Dylan, der weder ein herausragender Sänger noch ein virtuoser Gitarrist war, also über eher mittelmäßiges Handwerk verfügte, einer der erfolgreichsten und gefeiertsten Sänger unserer Zeit werden konnte? Es liegt an der Passung. Es gab Sänger mit schönerer Stimme und viele Konkurrenten konnten besser Gitarre spielen als Dylan, aber nur wenige von denen verfügten über die innere archetypische Kraft, die der Archetypus zu seiner Realisierung einfordert.

Die Frage ist, ob ein Mensch die Rolle ausfüllen kann, die ein bestimmter Archetypus vorgibt. Auch hier haben die nordischen Vorfahren einen Begriff gefunden: Pertho, damals verstanden als das Würfelspiel, das offenbart, ob ein Mensch von den Göttern begünstigt wird: Man solle, so glaubten unsere Vorfahren, keinem, der im Spiel immer wieder Pech habe, ein Schiff anvertrauen, denn beim nächsten Sturm würde es kentern und sinken.

Diese Passung zwischen Eignung und Wunsch kann überschätzt oder unterschätzt werden – beides führt zu unglücklichen und scheiternden Lebensentwürfen. Man muss von einer Kunst sprechen: der Kunst, diese Passung in sich präzise wahrzunehmen. Der Kunst, ein gutes Gespür dafür zu entwickeln, welche Lebensziele für einen machbar sind. Oder ob ein Leben ohne Lebensziele, also ein Leben als Lebenszielloser, die Passung zwischen Anlage und innerem Anliegen, zwischen Rolle und Ausfüllen dieser, am ehesten herstellen könnte. Unterschätzen wir die Lebensziellosen nicht: Sie kennen keine Ziele, schaffen aber unter Umständen wie im Nebenbei Werke, die als Spuren ihres immerwährenden Versuchens und Erkundens am Wegesrand ihres Lebens liegenbleiben und von späteren Wanderern dieser Wege erkannt und bestaunt werden.

Siegfried

Ähnlich wie Achilles hatte auch Siegfried die Chance, sich gegen das Ausfüllen eines kurzen aber intensiven Schicksals zu entscheiden. Er hätte den Drachen nicht töten müssen, hätte vorbeireiten können. Das aber tat er nicht, und so badete er in dem Blut der Hybris. Vielleicht hätte er dennoch Kriemhild geehelicht – ein netter junger Mann und ein halbwegs tauglicher Krieger, vor allem aber ein netter Schwiegersohn, der keine Schwierigkeiten bereitet. Hagen wäre nie auf die Idee gekommen, ihn zu ermorden, warum auch? Kriemhild und Siegfried hätten eine Reihe von Prinzen gezeugt, Siegfried wäre irgendwann gestorben und sein Name wäre vergessen worden. Doch er entschied sich anders.

Siegfried und Achilles beweisen die Möglichkeit der Unüberwindbarkeit, beweisen aber auch die Macht des Durchschnittsmenschen, die den Höhenflug des Einzelnen über kurz oder lang zum Absturz bringen kann. Größe zu demonstrieren heißt auch, die Größe vor dem Verfall einzufrieren, damit sie als Beispiel über die Jahrhunderte dem Archetypus ein konkretes Gesicht und eine konkrete Geschichte verleiht – und damit gegebenenfalls einen Mythos schaffen kann.

Es entspricht dem antiken Denken, den Ruhm und damit die Selbstbehauptung als das Wesentliche zu definieren, das einen Menschen antreibt. Dieses Motiv ist uns in heutiger Zeit fremd geworden, und wer mutig oder unverschämt genug ist, es auszusprechen, muss damit rechnen, narzisstisch genannt zu werden. Der *Thymos* (auf dem das Bedürfnis nach Ruhm und Selbstbehauptung gründet; siehe weiter unten), bei Platon neben Eros und Nous (die Vernunft) einer der fundamentalen Antriebe des Menschen, wird heute, da unserem Wertesystem so fremd, als etwas Pathologisches wahrgenommen. Jedoch hat der Thymos erkenntnistheoretische Berechtigung: Der Tod ist die Gewissheit unseres Lebens, und manche sagen, die einzige. Das Nachklingen des eigenen Namens – durch besingenswerte Taten und Werke – wird zu einer Möglichkeit, den Fußspuren, die man hinterlässt, eine etwas längere Haltbarkeit zu geben. ‚Narzisstisch' ist dies aus der Perspektive des modernen Menschen, folgerichtig hingegen durch den Gedanken an eine Sterblichkeit, der nicht durch die schwache Vermutung eines Seelenlebens nach dem Tod verwässert wird.

Die Idee, das offensichtliche Verhängnis der eigenen Sterblichkeit zu leugnen, ist eine nach-antike. Das Motiv des Ruhmes hingegen ist antikes Denken. Ein Denken, dass freier war, indem es sich dem eigentlichen Verhängnis stellen konnte, statt es durch sperrige spirituelle Konstruktionen von Paradiesen, deren Aufenthalt verdient werden müsse, und von Höllen, in denen zu hausen man auf ewig verdammt wäre, zu leugnen. Das Motiv des Ruhmes ist also, aus antiker Sicht, nicht narzisstisch, sondern folgerichtig. Es ist die einzig mögliche Konsequenz.

Nimmt man aber eine überdauernde Seelenexistenz an, in der das glückliche Bewältigen nächster Leben von den Vorerfolgen abhängt, werden Ruhm und Stolz zu Indizien einer Seele, die sich ungünstige Voraussetzungen schafft. Nichts war den antiken Griechen (und Römern) so fremd wie der Gedanke, dass dieses Leben nur eine Voraussetzung für etwas anderes sein könnte. Dieses Leben *ist* das Leben. Das und nichts anderes. Warum diesem nicht ein möglichst hörbares Echo geben?

Dass der Thymos auch in Zeiten des Radikalen Humanismus (noch) einen schweren Stand hat, ist nur historisch zu erklären. *Stolz* galt im Christentum sogar als Todsünde, und dieses Erbe verwalten wir in unseren kollektiven Einstellungen noch immer. Der Radikale Humanismus antwortet auf das Dilemma der Vergänglichkeit bislang weder mit der Idee eines Ruhmes über das eigene Leben hinaus, noch mit einem Versprechen auf Glück und Erfüllung post mortem, sondern mit der Idee einer Selbstoptimierung, die sich an medial forcierten Vorbildern ausrichtet. Die Inhalte dieses Selbstoptimierungstrends sind größtenteils quantitativ: Das Lebensalter in Jahren, der Body-Mass-Index, finanzieller Erfolg, die Zahl der „Freunde" in social networks wie Facebook oder Instagram und ähnliches. In diesem Trend lässt sich unschwer eine gewisse Scheu vor den Tatsachen des Alterns und der Sterblichkeit erkennen. Die Sicht wird sowohl in körperlicher als auch sozialer Hinsicht reduziert auf das gegenwärtige Erscheinungsbild des Individuums. Wenn, wie im Radikalen Humanismus, die Möglichkeit einer Einbindung des Individuums in etwas ‚Größeres' oder Umfassenderes fehlt, wird Vergänglichkeit zu etwas, für das es keine Lösung gibt und deshalb verdrängt wird. Die Folge daraus ist ein Ideal ewiger Jugendlichkeit, das sich in den Moden von Kleidung, Lifestyle und körperlicher Optimierung durch Chirurgie zeigt. Weder die fatalistische Einsicht in die eigene Sterblichkeit noch ein spiritueller Gedanke an eine seelische Weiterexistenz welcher Art auch immer leitet Entscheiden und Handeln.

Der Radikale Humanismus lehnt *Schicksal* als determinierendes Element, das aller Entwicklung seinen Stempel aufdrückt, ab, und doch sind seine Werte direkte Reaktionen auf jenes unbewusste aber noch geahnte Wissen darum.

Der einzelne Mensch ist sterblich und auch wenn der genaue Zeitpunkt ungewiss ist, so ist doch die mögliche Zeitspanne eng genug, um sie als deterministisch zu verstehen. Nationen hingegen – und andere Ideen – sind dieser strengen Regel nicht ausgesetzt. Sie sind geschichtlich, nicht schicksalhaft. Und doch haben beide Begriffe dieselbe etymologische Wurzel. Es ist die Rede vom Geschehen, vom Geschick, von dem, was geschieht und geschah.

Dem einzelnen Menschen die Möglichkeit zu nehmen, sich mit etwas Größerem zu identifizieren, das die persönliche Vergänglichkeit überdauert, ist ein Akt zerstörerischer Grausamkeit.

Ein solches Größeres zu konstruieren oder zu entdecken, haben sich die Menschen in den letzten Jahrtausenden größte Mühe gegeben. Ohne dieses Größere ist der Mensch wieder seiner Sterblichkeit ausgesetzt, seinem so kurzen Schicksal. Achilles griff nach dem Ruhm, spätere Generationen nach religiösen Konzepten einer seelischen

Unsterblichkeit, immer aber ist es das Bestreben des Menschen, sich einer überdauernden Sache zu verschreiben. Auch der Fortbestand des „eigenen Blutes“ der Familie erfüllt diese Funktion.

Doch: Ruhm gilt heute als narzisstisch, Religionen sind mehr oder weniger in der westlichen Welt bedeutungslos geworden, Familien durch das aktuelle Wirtschafts- und Gesellschaftssystem zerrüttet. Der Radikale Humanismus kappt jedes Band an größere Verhältnisse und lässt den Menschen allein in einer Wüste von kurzlebigen Konsummöglichkeiten zurück, Gedanken an das eigene Schicksal verbieten sich von selbst, und so bleibt als Lösung nur die immerwährende Ablenkung.

Der Begriff Zerstreuung offenbart seinen Sinn, wenn man ihn wörtlich nimmt: Die Substanz eines Menschen, seine energetische Bündelung, damit seine charismatische Leuchtkraft, wird verstreut wie die Asche unliebsamer Verstorbener über einem namenlosen Acker.

3

Die frühhumanistische Frage: Was kann und ist ein Mensch?

Man sprach in der Renaissance vom *uomo universale*, vom universellen Menschen, vom Menschen, der in sich alle Samen zum Blühen bringt, ihnen Wachstum und damit Form gibt, der Dichtung, der Philosophie, der Kunst, dem Handwerk, der Politik. Michelangelo und Leonardo waren *uomini universale.* Der frühe Humanismus ist auf gewisse Weise das ideologische Gerüst, das ein ganzes Bündel an Forschungsfragen in sich barg: Was kann ein Mensch? Was ist ein Mensch? Welche Kräfte bestimmen ihn tatsächlich? Die Antworten, die der frühe Humanismus gab, waren nicht akademischer, sondern rein praktischer, empirischer Natur. Einzelne Menschen wurden zu einem Beispiel, und deren Namen waren in aller Munde. Nicht mehr nur die Malerei in der Sixtinischen Kapelle war interessant, sondern auch der Mensch, der sie vollbracht hatte.

Der Radikale Humanismus unserer Tage ist von diesem Interesse meilenweit entfernt und verhindert die Antworten auf die Frage: Was kann und ist ein Mensch?

Der methodische Irrtum des Radikalen Humanismus ist die Verlagerung des Schwerpunktes: In der Renaissance rückte der Mensch mit seinen Möglichkeiten in die Mitte der Betrachtung, nicht aber die Theorie darüber. Heute ist es umgekehrt: Der radikale Humanismus ist strikt theoriegeleitet. Die italienische Renaissance propagierte ein induktives Vorgehen zur Beantwortung der humanistischen Frage, ging vom konkreten Menschen aus und akzeptierte das Lebenswerk und damit das „Schicksal“ als hinreichende Antwort. Heute ist das Vorgehen deduktiv, geht also von abstrakten Prämissen aus und verlangt deren Bestätigung vom Lebensvollzug der Menschen.

Verfolgt man den semantischen Faden des Begriffs der „Selbstverwirklichung“ in die Vergangenheit, zu seinen Ursprüngen, wird deutlich, dass dessen heutige Bedeutung kaum noch an den Ursprungsgedanken erinnert. Wir erinnern uns: In der Renaissance wurde die Frage danach, was ein Mensch auf welche Weise erreichen und schaffen kann, aktuell. Das ist Selbstaktualisierung in ihrer reinsten Form. Es ging also nicht darum, „sich zu finden“ und herauszufinden, wer man sei, sondern um die Frage nach den Möglichkeiten, die in einem Menschen schlummern und zur Entfaltung gebracht werden können.

Die Radikalisierung dieser Frage entfernt den modernen Menschen von der Erfahrung durch das eigene Wirken (wie beispielsweise in der Renaissance) und wird heute zu einer theoretisch-psychologischen.

Es gibt keine absurdere Frage an sich selbst als die, wer man sei, wenn man sie ausschließlich durch Introspektion und quasi-psychologische Selbstfindungstechniken zu beantworten sucht. Es ist eine Absurdität, sich finden zu wollen, da man ja derjenige ist, der sich auf die Suche macht. Eine existenzielle Tautologie.

Die Frage hingegen nach den Möglichkeiten und Fähigkeiten, nach dem, was man kann, und auch die nach dem eigenen Schicksal, ist nicht nur sinnvoll, sondern für lebenszugewandte und neugierige Wesen geradezu angezeigt. Hier scheint tatsächlich (ungewollt und unbeabsichtigt) eine antike Einstellung durch: das Schicksal erfahren zu wollen – und diese Schicksalserfahrung geschieht ausschließlich durch die Tat. Denn an der Tat erst lässt sich ermessen, welche geistigen und gestalterischen Kräfte im Menschen wirken. Diese gestalterischen Kräfte bezogen sich in der Antike und auch in der Neuzeit seit der Renaissance allerdings ausdrücklich auf die Resultate des Handelns. Es ging um Werke und Erkenntnisse, weniger um die Gestaltung des eigenen Schicksals. Diese grundsätzliche Haltung, zog sich wie eine Perlenschnur (neben anderen) durch die Jahrtausende. Sie hat ihre Ursprünge in der griechischen Antike, im griechischen Mythos sogar, blühte noch einmal in den Wirren der späten römischen Republik bis zu Augustus, versank dann für über tausend Jahre in Schweigen und erfuhr mit der italienischen *rinascita* buchstäblich ihre Wiedergeburt. Kurze Zeit darauf wurde dieser Gedanke durch niederländische und deutsche Denker aufgegriffen, Erasmus von Rotterdam sei exemplarisch genannt, und kulminierte dann in der Strömung der Aufklärung englischer, französischer und deutscher Art. Wir finden auf dieser Perlenschnur neben den Vordenkern der Aufklärung (Lessing, Kant, Voltaire, Rousseau, Hume, Locke, Hobbes) jene, die bereits zu den Anwendern und Umsetzern des humanistischen Ideals gezählt werden müssen, die also das Stadium des Vordenkens bereits transzendieren. Goethe ist das wirkmächtigste Beispiel, hauptsächlich durch die Vielfalt seines Schaffens. Die Weimarer Klassik ist nicht nur durch ihre Formensprache eine Renaissance des antiken Ideals (auch wenn sie dieses verklärte), sondern auch und vor allem durch ihre implizite

Welteinstellung, durch ihr Menschenbild, das durch und durch humanistisch ist. Rückblickend ist es verwunderlich, dass Goethe so wenig angegriffen wurde. Seine Haltung war im Grunde kirchenfeindlich, fern jeder Dogmatik, in seiner Sinnlichkeit haftete ihm sogar etwas Heidnisches an. Über Goethe aber vergisst man zu leicht weitere Größen jener Zeit, die Fundamente unseres heutigen Wertesystems geschaffen haben, seien sie implizit oder explizit. Schiller schrieb von einer „religiösen Selbstbildung", ein Gedanke, der heute in der theoretischen Pädagogik die Sicht auf das Lernen von Schülern und Studenten grundlegend prägt (der Begriff der Selbstbildung findet sich ausdrücklich in einigen Lehr- und Bildungsplänen deutscher Bundesländer). Verfolgen wir diese Perlenschnur humanistischen Denkens weiter, treffen wir auf Carl Rogers und Abraham Maslow, die diese Haltung in den Fünfziger und Sechziger Jahren in die noch junge Wissenschaft Psychologie trugen. In deren Arbeit schälte sich bereits der reine (und den Radikalen Humanismus katalysierende) Kern des Humanismus heraus. War der Humanismus vorher noch durchdrungen von Kompromissen religiöser, mindestens aber spiritueller Art (Schillers religiöse Selbstbildung, die trotz *Selbst*-Bildung christlich gemeint war; Goethes Pantheismus, der zwar heidnisch anmutet, aber letztlich die christliche Gottesvorstellung transzendierte), zeigte er sich hier erstmals in seiner konsequenten Nacktheit. Rogers sprach von Selbstaktualisierung, meinte damit die einem Menschen innewohnende Tendenz, sich selbst und all seine Potentiale zu jedem Zeitpunkt seines Lebens kongruent in die Wirklichkeit zu bringen – Wirklichkeit hier mit der Betonung auf dem Kern des Wortes: wirken – und legte damit, freilich ohne es gewollt zu haben, den Grundstein für die schwierigste und eigentlich auch nicht zu bewältigende Aufforderung an den Menschen, sein Schicksal selbst zu *gestalten*, und nicht mehr, wie in der griechischen Antike oder in der Renaissance, lediglich durch die Tat zu *erfahren*. Aber auch diese Entwicklung speist sich aus mehreren Quellen. Der Humanismus kannte ursprünglich den umfassenden Selbstverantwortungsgedanken nicht. Zwar entschied die Wirkmächtigkeit der Tat und die Befähigung eines Menschen über dessen von der Mitwelt wahrgenommenen Wert, doch gab es auch immer den ehrfürchtigen Gedanken an ein Schicksal, an ein Gottgewolltsein, an die Kraft der Genien (wie im alten Rom). Es gab also immer eine kognitive Erklärungszuflucht zu einer höheren Macht, die im entscheidenden Falle einem Menschen die Verantwortung für das eigene Schicksal zumindest teilweise abnehmen konnte. Mit der humanistischen Psychologie verschloss sich dieser Notausgang. Die Verantwortung über das eigene Schicksal übertrugen bereits Luther, Calvin und der ganze Protestantismus von den Schultern Gottes auf die des Menschen, indem sie die Erbsünde des Menschen, also ein Konstrukt kollektiver Art, auf das Individuum übertrugen und die individuelle Schuld am eigenen Seelen(un)heil proklamierten. Ohne diese historische Entwicklung wäre eine humanistische Psychologie nicht möglich gewesen. Der Humanismus trägt also in sich den Stachel des Protestantismus, der sein Gift bis heute darin zirkulieren lässt.

Rogers` Verdienst war es, jedem einzelnen Menschen die Möglichkeit und das Recht zuzusprechen, sich selbst in die Wirklichkeit zu bringen, nicht Sklave von Prägung und Konditionierung sein zu müssen, sich selbst als jemanden sehen zu dürfen, der schier unendliche Potentiale und

Möglichkeiten in sich trägt, und den Menschen das Gefühl dafür zu geben, dass es möglich ist, diese Potentiale zur Entfaltung zu bringen. Auch entlastete er die Menschen von der Gefahr des eigenen Versagens, indem er postulierte, dass es die restriktive Gesellschaft und Erziehung sei, die diese Potentiale an ihrer Verwirklichung hindere. Er stellte seine „klientzentrierte Gesprächspsychotherapie" zur Verfügung, um einen psychischen Befreiungs- und Erkenntnisraum zu schaffen. Dieser grundlegende Ansatz ist heute Teil von fast allen psychotherapeutischen Ausrichtungen. Die Wirksamkeit der Gesprächspsychotherapie nach Rogers ist heute durch eine Reihe von Studien belegt.

So menschenzugewandt Rogers Ansatz sein mag, in seinem Kern verbirgt sich eine Last von schier unerträglicher Dichte und Schwere. Durch die humanistische Psychologie, frei von Religiosität jeder Art, wurde der Mensch zum potentiellen und vor allem alleinigen Gestalter seines Lebens, seines Glücks, seines Erfolgs, seines Scheiterns, seines Unglücks. Diese Last konnte er nun nicht mehr auf die Schultern eines transzendenten Wesens oder einer transzendenten Kraft übertragen, er muss sie seitdem selbst tragen. Der Luther´sche Schuldgedanke bekam eine neue Dimension: Nicht nur, dass ein Gott oder Gottessohn einst richten wird über Schuld, Verdienst und Versagen, über den Kern der Seele an sich, sondern nun wird man zum eigenen Richter, und dieser Richter ist der strengste und gewalttätigste aller möglichen Richtinstanzen. War Selbstverwirklichung einst Möglichkeit, wird sie nun zum Imperativ. Es gibt keine Möglichkeit, ihr zu entfliehen, denn ein Verweigern wäre bereits ein Versagen.

Dass dieser Imperativ zur Selbstgestaltung einen lukrativen Markt zur Verfügung stellt, ist offensichtlich. Doch die Ausfaltung eines Marktes bringt eine Reihe von weiteren Notwendigkeiten mit sich. Die Selbstgestaltung des Einzelnen darf natürlich kein Ende finden. Es wäre das Ende des Marktes, der Verlust eines potentiellen Konsumenten, wenn dieser nach einer übersichtlich kurzen Phase der Selbstfindung sein Ziel erreicht und zu einer klaren Identität gefunden hätte. Es ist also durchaus im Sinne des Marktes, stabile Identitäten zu verhindern. Aber der Markt reguliert sich in diesem Falle tatsächlich selbst. Der Markt wird zu einem System, das nur mit Hilfe systemtheoretischer Modelle zu verstehen ist. Seine Selbstregulierung ist selbstreferenziell, ist also nur unabhängig von den Bedürfnissen des Menschen zu denken.

4

Schicksalsdesigner

Der Radikale Humanismus verneint Schicksalhaftigkeit, negiert das Ausgeliefertsein des Menschen an Kräfte, die sein eigenes Wollen übersteigen. Die Folge daraus ist, dass er vom Individuum die radikale Selbstgestaltung einfordert.

Die Idee einer totalen Selbstgestaltung ist eng verwoben mit einer finalistischen Konzeption von Entwicklung. Überhaupt ist das aufklärerische Ideal nicht zu trennen von der Überzeugung, dass der Mensch über seinen derzeitigen psychischen, kognitiven und gestalterischen Status Quo hinauswachsen könne und müsse. Dieses *Darüber Hinauswachsen* wirft die Frage nach der Richtung auf, nach einer antizipatorischen Vorwegnahme des Wünschenswerten. Was ist wünschenswert? Diese Frage wird seit Jahrhunderten unterschiedlich beantwortet; wir finden solche Antworten in den verschiedenen Philosophien des marxistischen und des liberalen beziehungsweise neoliberalen Typs. Einig sind sie sich in der Annahme eines zu erreichenden umfassenden Entwicklungsziels und der Wirkmächtigkeit des Menschen, dieses auch erreichen zu können. Seitdem besteht der weltanschauliche Gegner nicht mehr in einem „ewigen symmetrischen Gegner vis-à-vis, vielmehr glauben sie ihn als historischen Vorgänger vor sich zu haben“.[5] Die

5. Sloterdijk, Peter: Was geschah im 20. Jahrhundert? Frankfurt/M., Suhrkamp, 2016, S. 108.

Konzeption einer Vorgängerschaft schließt ebenso deren Bewertung als primitiv, weniger komplex und naiv ein. Menschheitsentwicklung wird zu einem Wachstumsprozess umgedeutet; das alte noch zyklische Verständnis der Ereignisse (das sich zuletzt in der organismischen Geschichtsphilosophie von Oswald Spengler zeigte, seitdem aber keine wesentliche Rolle mehr in aktuellen Diskursen spielt) wich einem linearen Geschichtsbewusstsein, das Anfänge kennt und einen durch (angenommene) Gesetzmäßigkeiten komplexer und komplizierter werdenden Zielzustand annimmt. Das dazugehörige Schlagwort lautet *Fortschritt.*

Der Glaube an die Möglichkeit der totalen Selbstgestaltung überformt das Selbstverständnis nicht nur des Einzelnen, sondern auch der Kollektive.

Ein Beispiel ist die Frage der Ökologie. Der Anteil des Menschen an den Veränderungen der Umwelt zeigt allerdings weniger dessen Kompetenz zur Gestaltung des Planeten, sondern im Gegenteil dessen Unfähigkeit, langfristige Folgen von Entscheidungen richtig einzuschätzen und als Kollektiv dementsprechend sinnvoll zu reagieren. Zwar haben sich die meisten Länder, unter ihnen Deutschland, mit dem Pariser Klimaabkommen auf entsprechende Ziele geeinigt, doch kaum etwas deutet darauf hin, dass diese auch erreicht werden. Die schönen Worte solcher Abkommen, die nichts weniger beabsichtigen, als durch menschliches zielgerichtetes Handeln die komplexen Läufe globaler Zusammenhänge in unserem Sinne zu beeinflussen, bleiben lediglich ein narzisstisches Manöver mit dem Ziel, die Idee menschlicher Machbarkeit aufrecht zu erhalten.

Weitere Beispiele für die Diskrepanz zwischen Allmachtsanspruch und Realität finden wir in Medizin, Energiegewinnung (immer noch ist beispielsweise die Frage danach, wie wir mit atomaren Müll künftig umgehen, nicht befriedigend beantwortet worden), dem gravierenden Gefälle von Armut und Reichtum auf globaler Ebene und in einigem mehr.

Was sich hier offenbart, ist ein jahrtausendaltes Großvorhaben der Menschheit: die Überwindung der Schicksalhaftigkeit, die Überwindung des Ausgeliefertseins, vor allem des Ausgeliefertseins an den Tod.

Die wahrhaft monströse Idee des Humanismus, den Menschen in den Mittelpunkt des Interesses, der Betrachtung, des Schicksals zu stellen, führt zwangsläufig zu einer Verschiebung der Schicksalsursache von den Göttern, den kosmischen Mächten, den universellen Prinzipien, von Gott – hin zum Menschen. Der Mensch ist der Schicksalsbestimmer. Dieses Großprojekt ist durchaus statthaft, denn zu verlieren hat der Mensch ja nichts außer dem sicheren Tod und damit der kurzen wimpernschlagähnlichen Lebensdauer. Warum also nicht alles auf eine Karte setzen, das (fast) Unmögliche wagen, und dem Menschen probeweise die Autorität über alle Schicksalsfragen übertragen? Anfangs mag es die Frage der italienischen Renaissance gewesen sein: Was kann ein Mensch? Dann aber wurde aus der Frage eine Feststellung: Der Mensch kann! Und aus dieser allgemeinen Feststellung wurde ein Absolutum abgeleitet, das implizit die leitende Ideologie der Postmoderne prägt: Der Mensch kann alles! Und falls er zurzeit noch nicht alles kann, so kann er doch *potentiell* alles, und wir müssen uns nur etwas mehr Mühe geben.

Dass wir (noch) sterben, so der Radikale Humanismus, liege nicht an der Schicksalhaftigkeit des Todes und der Sterblichkeit an sich, sondern an all den Faktoren, die wir (noch) nicht im Griff hätten, aber im Griff haben könnten: an Kriegen, an Krankheiten, am Alterungsprozess.

Tatsächlich gibt es – als eine der Folgen des Radikalen Humanismus – eine Strömung, die sich selbst Transhumanismus nennt und nichts weniger anstrebt als Unsterblichkeit. Deren Ziel ist es, mit technologischen Mitteln die menschliche (natürliche) Kondition zu überwinden, um sie zu einer Art Cyborg zu transzendieren. Das Altern ist den Transhumanisten lediglich ein Missgriff der Evolution, den es durch genetische und technologische Ergänzungen auszubügeln gelte.

Auch der heutige Sicherheitswahn westlicher Länder hat seine Ursache im Humanismus. Beseitigen wir die Risiken, leben wir länger. Forschen wir weiter an der Genetik, schalten wir das Alterungs-Gen aus. Errichten wir überall Überwachungskameras und machen Ausweisdokumente biometrisch eindeutig und fälschungssicher, dämmen wir Verbrechen und Terrorismus ein. Der Tod ist lediglich ein Indiz für die vorläufige Nichterreichung des radikal-humanistischen Ideals.

Diese Doktrin schwappt vom kollektiv-medialen Fluss hinein in das Denken des Individuums, das mit der Zumutung konfrontiert wird, seines Schicksals eigener Designer zu sein, und zwar in seiner Totalität. Die durch Luther ins Leben gerufene Schuldfrage des Individuums wird zu einer Verantwortungstotalität gegenüber dem eigenen Leben:

Dein Versagen und dein Erfolg sind bestimmt durch deine Entscheidungen und Handlungen. Die Schuld wird ungeheuer angesichts des Scheiterns, und sie wird ebenso ungeheuer angesichts des Erfolges. Das „Verwirkliche dich selbst!“ ist zur allgemeinen imperativen Handlungsmaxime geworden und das Jüngste Gericht besteht aus einem Gremium innerpsychischer Selbstbewerter, die über sich selbst das Urteil fällen werden: evolutionärer Ausschuss oder tauglicher Evolutionsagent. „Verwirkliche dich selbst!“ heißt auch: Du bist (noch) nicht wirklich. Dein Ansinnen habe zu sein, diese Verwirklichung erst herzustellen. Der kognitive Rattenschwanz wird hier deutlich: Um sich zu verwirklichen, braucht man eine Idee, wer man ist. Man braucht eine Identität. Die *double bind*-Botschaft des Radikalen Humanismus lautet dementsprechend: Du bist nicht wirklich, es benötigt also eines Verwirklichungsprozesses, für dessen Erfolg und Nichterfolg ausschließlich du selbst verantwortlich bist, und du musst ein klares Bewusstsein darüber haben, wer du bist, und daraus passende Lebensvisionen und Lebensziele ableiten, die du zu erreichen hast, andernfalls bist du als Mensch gescheitert.

Die Botschaft des radikalen Humanismus lautet, man habe man selbst zu sein UND man habe erst man selbst zu werden, denn man sei es noch nicht. In der klinischen Psychologie spräche man in solchen Fällen von einer schizogenen Situation, ausgelöst durch eine widersprüchliche, also *double bind*-Botschaft, der zu entrinnen unmöglich ist, so wie es einem kleinen Kind unmöglich ist, einer schizogenen Mutter zu entkommen.

Radikale Selbstgestaltung macht konkrete Zielsetzungen notwendig. Das Eruieren, Festlegen und Verfolgen von

Lebenszielen ist nunmehr Gegenstand von ganzen Industriezweigen und akademischen Forschungen in den Sozialwissenschaften geworden. Das alles ist so allgegenwärtig und so selbstverständlich, dass kaum jemand auf die Idee kommt, die darunter liegenden Prämissen ernsthaft zu hinterfragen.

„Du musst doch wissen, was du willst!“: Kinder werden in den Schulen bereits früh gefragt, welchen Beruf sie einmal ergreifen wollen. Das wäre nicht schlimm und bestenfalls ein spielerisches Ertasten erster Wünsche und Vorstellungen, nur leider hängt oft genug auch die Entscheidung daran, welche Schule das Kind ab der fünften Klasse weiter besuchen wird. Das Kind ist zu diesem Zeitpunkt gerade zehn Jahre alt!

Auch auf dem Markt der Lebenshilfe, der Ratgeber für ein gelingendes Leben, des Life-Coachings, der Handlungstheorie und Tätigkeitspsychologie ist nur ein einziges Paradigma federführend: Was will ich? Nicht nur im Hier und Jetzt, was eine Frage nach gegenwärtigen Bedürfnissen und Wünschen wäre, sondern: Was will ich generell im Leben? Welche Kategorie wähle ich, um in dieser mein Leben tätig zuzubringen?

Die rüde Forderung nach einer Vision für das eigene Leben, einer Vision freilich, die aus sich konkrete und gesellschaftlich akzeptierte Lebensziele generieren kann und soll, erzeugt gemeinsam mit der neoliberalen Doktrin vom jederzeit flexiblen Menschen ein verwirrendes und nur schwer aufzulösendes Paradoxon.

5

Lebensziellose

Was aber, wenn es Menschen gibt, die eine solche Vision in sich nicht finden können? Die keine Lebensziele finden? Denen jede Idee, auf welche Weise sie sich langfristig gestalten könnten, immer wieder zerrinnt wie Sand?

Was, salopp gefragt, wenn es Menschen gibt, die für das stete Verfolgen eines Lebenszieles nicht geboren sind, denen ein konkretes Lebensziel nicht in deren Natur liegt?

Die Psychologie ist eine Wissenschaft, deren Geburtsstunde bereits lange nach der Etablierung des Humanismus liegt. Sie ist durchdrungen vom Radikalen Humanismus, von der Überspitzung des ursprünglichen aufklärerischen Gedankens. Dementsprechend gibt es haufenweise Modelle und Theorien zu Zielsetzung, zu Handlungsregulation, zu rationalem Management von biografischen Entwürfen. Entwürfe, die das Lebensschicksal, den Lebenslauf, bereits im Voraus festlegen, das Leben also als eine Versuchsanordnung mit feststehendem Ergebnis begreifen. Man kennt den Scherz von der „Lücke im Lebenslauf", worauf man am besten zu antworten hat: „War geil!". Es ist ein Scherz. Und in dem Scherz liegt die innere Wahrheit so vieler Menschen, dass die radikale Überplanung der eigenen Biografie einen Übergriff in die individuelle Freiheit bedeutet. Aber niemand käme auf die Idee, diesen Scherz Wirklichkeit werden zu lassen und eine solche Antwort in einem Bewerbungsgespräch zu geben, sofern man den Job wirklich bekommen will.

Es wäre also an der Zeit eine „Psychologie der Lebensziellosen" zu etablieren. Eine Psychologie, die die Lebensziellosigkeit nicht als einen pathologischen Mangel begreift, sondern als eine Eigenschaft einiger Menschen, die sowohl Stärken als auch Schwächen in sich trägt, nicht anders als auch bei anderen Persönlichkeitseigenschaften wie Extra- und Introversion. Doch ähnlich wie auch die gegenwärtige gesellschaftliche Realität Extraversion belohnt und Introvertierten bestenfalls einige Nischen zur Verfügung stellt, so findet die Eigenschaft der Lebensziellosigkeit weder Anerkennung, und schlimmer noch als bei Introvertierten, auch so gut wie keine anerkannte Nische im Katalog gesellschaftlich anerkannter Rollen.

Lebensziellose sind gezwungen, ihre Eigenart als einen krankhaften Makel hinzunehmen, sind oft genug gehalten, sich Lebensziele aus den Fingern zu saugen, schlicht, weil sich Lebensziele zu setzen vom Umfeld erwartet wird. Sie beugen sich der Not, Antwort geben zu müssen auf die Frage, was sie im Leben wollen, wo sie sich in zehn Jahren sehen, was sie erreichen wollen, was ihre Fernziele sind, und kreieren eine Idee, die auch für sie selbst gut genug klingt, um kurzzeitig daran glauben zu können. Doch Lebensziellose werden solche Ideen kaum allzu lange aufrecht erhalten können, sie verblassen in dem Maße, wie der Lebensziellose auf dem Weg seines Lebens weiterschlendert, weiterhetzt, weiterschreitet.

Mangels eines echten Zieles aber blickt er nach rechts und links, nimmt dort und da das Neue, Befremdliche, Bemerkenswerte, Interessante auf, sein Geist ist vielfältig und schnell, seine Intelligenz ist fluide, aber auch biografisch kristallin.

Auch evolutionsgeschichtlich ergibt das Vorhandensein der Eigenart des Lebensziellosen durchaus Sinn. Die Freiheit ihrer Wahrnehmung gestattet ihnen den Blick zum Unerwarteten. Damit werden sie beispielsweise zu Pionieren, zu Kundschaftern, aber auch zu Erfindern, zu innovativen Erneuerern. In einem erweiterten Sinne sind unter ihnen die Kulturbringer, die Kulturstifter zu finden. Ihr Werk besteht nicht im Erreichthaben eines vorher gesetzten Zieles, sondern in der Gesamtheit ihrer Biografie. Ihr Werk ist nur retrospektiv zu erkennen – für die Öffentlichkeit, falls es sich um große Lebensziellose handelte, die kollektiv wirkten, und für sie selbst. Es wird ihre Lebensrückschau sein, die ihnen erst Sinn und Bedeutung ihres Lebens und des Lebens überhaupt erkennen lässt. Sie sind Experimentatoren des Lebens, des Selbst, des Ichs, des Probierens und geistigen wie konkreten Vagabundierens.

Ein Clan, ein Stamm, eine Polis, selbst eine spätere Nation profitiert von Lebensziellosen. Sie bringen das nötige Maß an Flexibilität in das System der jeweiligen Gesellschaft. Eine Zivilisation, die ihre Lebensziellosen ausgrenzt und ihnen keinen Platz einräumen kann, wird über kurz oder lang erstarren und dann aus systemischen Gründen zerbrechen und untergehen. Anpassung an die immerwährenden Veränderungen von Umwelten braucht Experimente, braucht die Abkehr von einmal gesetzten Plänen. Sparta ging unter, Lebensziellose hatten keinen Platz dort. Von Athens Kultur zehrt noch heute die Welt. Sokrates war einer der großen Lebensziellosen, sein Schüler Alkibiades wahrscheinlich ebenso.

Wer also ein striktes Fernziel kennt, schreitet auf seinem geraden Weg zügig voran, sein Blick ist in die Zukunft gerichtet, auf die Antizipation der Verwirklichung seines Ziels. Der Blick kennt eine Richtung (das wird in der gegenwärtigen Psychologie gelobt), nicht aber den schweifenden Blick, den eruierenden, neugierigen Blick, den offenen Blick für das was vorgefunden werden kann. Derjenige, der ein Lebensziel kennt und es strikt verfolgt, ist blind für diese Preziösen am Wegesrand, es sei denn, sie sind seiner Zielerreichung dienlich. Seine Wahrnehmung ist verengt durch den Fokus auf sein Ziel, sein Sehen ist selektiv ausgerichtet auf die Utilitarität des Sehenswerten.

Anders beim Lebensziellosen. Sein Sehen kennt keine Verengung durch die Nützlichkeit der Dinge, Sachverhalte, Menschen, Situationen, Szenen für ihr konkretes Lebensziel; er schaut und lässt seinen Blick rhizomatisch schweifen. Er nimmt das Undenkbare wahr, er sieht Verbindungen, an die noch niemand gedacht hat, er wird zu einem kreativen Geist. Er vagabundiert geistig und handelnd durch alle Bereiche, in denen er sich selbst erfahren kann.

Mit dieser letzten Formulierung legen wir einen frühen Kern des Humanismus frei, einen Kern, der durch den Radikalen Humanismus verschüttet wurde. Dieser Kern findet sich in der Frage aus der italienischen Renaissance: *Was kann der Mensch?*

Durch den Radikalen Humanismus ist diese Frage nicht mehr zu beantworten. Die Möglichkeiten des Menschen werden durch ihn beschränkt, werden eingezäunt durch etwas, das man in der angewandten Arbeitspsychologie heute sehr treffend und auch verräterisch als „Meinungskorridor" bezeichnet. Durch den Verweis auf ein architektonisches Phänomen gewollter künstlicher Verengung wird deutlich, was vom Menschen erwartet wird: ein Lebensmarathon vorbei an Türen, die eine jede für sich Potential und Möglichkeit zur Vielfalt und damit auch die Möglichkeit zur Beantwortung der althumanistischen Frage danach, was ein Mensch kann, anbietet.

Eine Lebensvision ist noch kein Ziel, sie ist ein Wert. Als Wert bestimmt sie über die Richtung aller Entscheidungen und Handlungen. Werte sind nichts, das es zu erreichen gilt, Werte geben die Direktive vor. Sie sind die Richtschnur des Lebens.

Ist eine Lebensvision klar genug, lassen sich Lebensziele aus ihr generieren. Der handlungstheoretische Mechanismus dahinter ist ausführlich in verschiedenen psychologischen Modellen beschrieben worden. Die konkrete Zielsetzung führt zu Handlungssequenzen, von Planung über Vorbereitung, Durchführung, Kontrolle, Abgleich mit dem gesteckten Ziel und so weiter.[6]

Doch wie steht es mit den Lebensziellosen?

Sie mögen Visionen über das Leben haben, doch sind diese Visionen zu allgemein, zu vage, um aus diesen konkrete und vor allem überdauernde Lebensziele abzuleiten. Ihre Lebensvision könnte die des Wanderers sein, ein Archetyp, der heute seine Entsprechung in den digitalen Nomaden findet.

Lebensziellose könnten, wenn überhaupt, ihren Lebenszweck so formulieren: das Menschsein kennenzulernen, in

6. Zum Beispiel die von Hacker und Volpert entwickelte Handlungsregulationstheorie.

all seinen Facetten. Aber allein in der Formulierung „in all seinen Facetten" liegt schon die Crux: Wie soll sich daraus ein konkretes zielgerichtetes Handeln ableiten lassen? Die Ziele werden fluktuieren, schwanken und kurzlebig bleiben. Ihr Handeln ist ein befristetes. Wenn in entsprechender Zeit kein Erfolg eintritt, versiegt der Handlungsstrom, es entsteht ein neuer. Geleitet werden jene also weniger durch ein konkretes inneres Anliegen, sondern vielmehr durch den Einladungscharakter der momentanen Ereignisse. Sind sie spannend, folgen sie ihnen, sind sie es nicht, gehen sie einfach weiter.

Die Folge ist, im positiven Fall, ein Können und Wissen in allem und nichts. Sind sie musisch und gegebenenfalls auch feinmotorisch begabt, können sie künstlerische Naturen sein, werden hinreichend gut malen, musizieren, schreiben können, aber all das nicht gut genug, um wirkliche Meisterschaft zu erlangen. Ihre Meisterschaft wird sich zwangsläufig spät zeigen und es wird eine Meisterschaft sein, die kein konkretes Handwerk meint. Vielleicht ist es dann eine Lebens-Meisterschaft, eine gewisse Weisheit, die sich aus den vielfältigen Erfahrungen ergibt.

Es ist eine in Philosophie und Spiritualität oft beschriebene Feststellung, man brauche nichts zu erreichen, es reiche, das Leben zu erfahren.

Das Setzen und Erreichen von Lebenszielen ist ein Imperativ des Radikalen Humanismus, der uns nicht selten daran hindert, offenen Auges und Ohres und vor allem offenen Herzens die Geschehnisse zu erfahren, zu erleben, zu bezeugen und uns darin zu beweisen.

Dazu braucht es keine rationalen abzuarbeitenden Lebensziele, sondern ein thymotisches Gefühl der eigenen

Kraft und des Vermögens, die Geschehnisse tragen und meistern zu können.

Am Beispiel der Lebensziellosigkeit zeigt sich ein Widerspruch, den der Radikale Humanismus den Menschen vorlegt: Lebensziele werden verlangt, eine Durchstrukturierung des künftigen Lebens gefordert, man denke an die berühmte Frage, wo man sich in zehn Jahren sehe, Zielstrebigkeit gilt als Wert. Andererseits aber zwingt die neoliberale Gesellschaft eben jene Menschen zu Flexibilität, Anpassungsfähigkeit, schnellen Wechseln von Arbeiten und Wohnorten. Der Radikale Humanismus drängt die Menschen in eine implizite, euphemistisch „Freiheit" genannte Lebensziellosigkeit – führt diese aber explizit nicht in seinem Werteinventar und suggeriert damit, man sei ungenügend und als Person mangelhaft. Die Injektion des Gefühls eigener Mangelhaftigkeit hat Methode; sie erzeugt Willfährigkeit und Mitmachbereitschaft, reduziert Selbstvertrauen und damit Kritikfähigkeit.

Die schwerste Bürde, an der Lebensziellose leiden, ist das nagende Gefühl zu versagen, da sie den expliziten Regeln des Radikalen Humanismus vermeintlich nicht zu folgen vermögen. Das zu erkennen, befreit. Das zu erkennen, lässt das thymotische Gefühl des kompetenten Wanderers und Lebenserkunders erblühen.

Es wäre für eine gesunde Lebensziellosigkeit zu plädieren, für eine offene Wanderschaft, aber mit dem psychischen Rüstzeug thymotischer Selbstbehauptung, mit dem Gefühl der Würde und des Stolzes, mit dem Gefühl, offenen Geistes für resonante Begegnungen zu sein. Für ein Leben der Tat, ohne die Tat dabei einem zwanghaften Ziel zu unterwerfen.

6

Thymos – das vergessene Motiv der Selbstbehauptung

Sigmund Freud konzentrierte sich bei der Benennung menschlicher basaler Triebe auf den Eros, fügte später, etwas desillusioniert, den Thanatos hinzu.

Da er sich dabei von seiner eigenen Theorie leiten ließ, entgingen ihm mögliche weitere Grundmotive des Menschen, die der griechische Mythos und die griechische Philosophie durchaus zu benennen wussten. Eines davon ist der Thymos, manchmal mit Stolz, manchmal mit Selbstbehauptung nur sinngemäß übersetzt.

Wir finden den Begriff des *Thymos* bei Platon, im *Phaidros.* Der unsterblichen Psyche stellt er den sterblichen Thymos zur Seite. Die drei fundamentalen Triebkräfte des Menschen seien *Eros*, *Thymos* und *Nous* (Vernunft).

Hegel übersetzt Thymos mit Gemüt. In *Gemüt* finden wir die gleiche etymologische Wurzel, die auch dem Wort *Mut* zugrunde liegt. In einem weiten Sinne ist Thymos damit auch die Lebenskraft. Hegel sieht im Thymos das Bedürfnis des Menschen, von seinen Mitmenschen anerkannt zu werden. Isothymia sei das Bedürfnis, als Gleicher unter Gleichen gesehen, Megalothymia hingegen, von den Mitmenschen als überlegen anerkannt zu werden.

Als psychologisches Motiv meint der Thymos als umfassendere Kategorie das generelle Motiv des Menschen nach Selbstbehauptung. Diese Selbstbehauptung kann durch unterschiedliche Weisen erfolgen und der Drang nach ihr unterschiedlich stark ausgeprägt sein. Anerkennung durch Andere ist sicher nur eine, wenn auch verbreitete, Einlösemöglichkeit dieses Motivs. Eine andere Möglichkeit wäre beispielsweise im Erfüllen eines subjektiven Wertesystems zu finden. Ernst Jünger schrieb in „Kaukasische Aufzeichnungen", es ginge darum, sich würdig zu verhalten.[7] Diese Würde muss sich der Selbstprüfung durch das innere Wertesystem stellen. Das thymotische Motiv ist erfüllt, wenn das eigene Verhalten dem Vergleich mit dem eigenen (im Fall Ernst Jüngers recht strengen) Wertesystem standhält.

In „Nach Gott" fügt Sloterdijk[8] einem Satz eine kleine Ergänzung hinzu: „(Die Quelle des) Stolzes – das Geburtsrecht auf Gelingen ..."

Dem zur Seite zu stellen wäre ein Geburtsrecht auf Nichtgelangweiltsein, das das Wagnis des Scheiterns einschließt.

Der Stolz, der Thymos der alten Griechen, als eine trotzige Geste der Selbstbehauptung, in der Antike eine Tugend, wurde vom Christentum als Verweigerung psychischer Unterwerfung zur Sünde erklärt. Das Wagnis des Scheiterns einzugehen, heißt stolz zu sein. Was da gelungen ist, ist die Geste der Selbstbehauptung. Das Scheitern in

7. Jünger, Ernst: Kaukasische Aufzeichnungen, [1. Januar 1943], Klett-Cotta, 1994, S. 253/254: „Endlich will ich das Sinnen auf individuelle Rettung verbannen im Wirbel der Katastrophen, die möglich sind. Es ist wichtiger, dass man sich würdig verhält. Wir sichern uns doch nur auf Oberflächenpunkten eines Ganzen, das uns verborgen ist, und gerade die Ausflucht, die wir ersinnen, kann uns umbringen."
8. Sloterdijk, Peter: Nach Gott. Frankfurt/M., Suhrkamp, 2017.

Kauf nehmen zu können heißt, über genügend Selbsterfahrungswillen, Selbstvertrauen und Selbstachtung zu verfügen.

Trotz aller Inspiration durch die griechische Antike entging selbst Freud der Thymos (der Stolz im Sinne der Selbstbehauptung und Selbsterfahrung) als fundamentales Motiv des Menschen neben Eros und Thanatos. (Es gibt noch eine Reihe weiterer Motive, die wir mit Hilfe der griechischen Mythologie reaktualisieren können.)

Erst die neuere Psychologie entdeckte (und rehabilitierte) dieses Motiv wieder mit Hilfe des Begriffs der *Selbstwirksamkeit.*

Gelingen meint auch ein Nichtgelangweiltsein vom Leben. „Gelingen" zu reduzieren auf das Erreichen von konkreten Zielen, greift zu kurz. Hektor, Ödipus, Orpheus scheiterten letztlich an ihren konkreten Zielen, doch ihr Leben war ein gelungenes (weil ein versuchendes, intensives, nicht gelangweiltes), und so nannte man sie Heroen. Ein Heros also, wer sein Leben erfährt, und gegebenenfalls die Nichtgestaltbarkeit in Kauf nimmt.

Ein Held ist, der sich vom Leben nicht langweilen lässt.

Diese Gedanken sind nicht Psychologie, sie sind Philosophie, auch wenn sie sich psychologischer Erkenntnisse bedienen.

Der Thymos als eine der treibenden Kräfte des Menschen ist dem neoliberalen Kapitalismus ein Dorn im Auge, so wie er bisher allen Herrschaftsstrukturen gefährlich war. Thymos ist Stolz, ist Würde, ist Selbstbehauptung im Sinne der Selbstgenügsamkeit – und Selbstgenügsamkeit im Sinne der Selbstbehauptung.

Eine Gesellschaft, die den Thymos der Menschen nicht unterdrückt, kann nur streng basisdemokratisch sein – wenn überhaupt. Thymotisch beseelte Menschen treffen sich auf der Agora oder auf Waldlichtungen und debattieren. Sie streiten, sie werben um Zustimmung unter freien Menschen und sie wählen aus nüchterner Einsicht heraus einen Anführer, Repräsentanten oder König. Die patrizischen Familien des republikanischen Roms waren thymotische Menschen, die freien Männer Athens ebenso. Damit soll nicht gesagt sein, dass diese antiken Gesellschaften frei gewesen wären. Doch die wesentlichen Entscheidungen wurden von einer Gruppe von Menschen getroffen, die durch ihren Stolz und ihre Würde motiviert waren. Sie entschieden natürlich auch über jene mit, die ihren Stolz nie entwickeln konnten, Sklaven, Unfreie, Arme, Frauen.

Auch in späteren Gesellschaften wirken thymotische Kräfte. Doch sind die Widerstände, welche die Gesellschaft dem Thymos entgegenstellt, durchaus als selektive Kraft zu verstehen, die nur den auffallend starken Thymotikern jene Erfolge bescheren, die dann die Gesellschaft gestalten werden. Da die Annahme der Herrschenden (seit es Herrschaftseliten gibt) lautet, dass nicht jedes einzelne Individuum einer großen Gesellschaft in selbstgenügsamer Würde leben dürfe, wenn das System nicht an der Vielfalt der individuellen Bedürfnisse zerbrechen soll, ist es seitdem Ansinnen der Herrschaftseliten, den Thymos möglichst weiträumig zu unterdrücken. Der Begriff Unterdrückung ist hier nicht politisch, sondern psychologisch gemeint, da der Thymos zum angeborenen Motivationsinventar des Menschen gehört, der sich normalerweise entfalten würde, wenn man ihn nicht aktiv von Anfang an daran hinderte. Die thymotische Verhinderung ist eine aktive Abdressur.

Ein thymotisch gesunder Mensch zweifelt weder an seiner Geschlechtlichkeit, zweifelt nicht an seinem Penis, zweifelt nicht an ihrer Vagina. Persönlichkeitsprothesen wie etwa heute Automarken, Klamottenmarken, prestigetaugliche Hobbys oder Identifikationen mit politisch inszenierten Ideologien wären für thymotisch starke Menschen vollkommen uninteressant. All diese Dinge hätte man aus Freude an der Sache, aus ästhetischen oder sinnlichen Gründen, nicht aber als Füllmasse für eine Leere an der Stelle, an der sich gesunderweise der Selbstwert befinden müsste.

Thymos in seiner reinsten Form (Thymos ist ja, wie alle anderen Motive auch, als ein Kontinuum zu verstehen) führt zu einem starken Menschen, der die Erhaltungskräfte seines Selbstwertes in sich selbst und seinen Taten zu entdecken weiß. Diogenes ist der exemplarische Prototyp. Eine Gesellschaft aus lauter Diogenessen wäre aber nicht vorstellbar, jedenfalls nicht, solange es das Bedürfnis nach äußerem Besitzzuwachs gibt. Einen einzelnen Diogenes, vor allem, wenn er schon seit über zweitausend Jahren tot ist, kann man akzeptieren, er steht als Beispiel für die Kraft der Bescheidenheit (er lebt besitzlos, das kann auch der gehorsamen Masse als Vorbild dienen), aber auch als abschreckendes Beispiel für die Besitzlosigkeit, die mit der Selbstgenügsamkeit einhergeht (hier wird er zum Schreckgespenst, das der gehorsamen Masse suggeriert, dass sie diesem Beispiel besser nicht folgt, das wäre doch arg unbequem). Diogenes also rüttelt als thymotisches Beispiel nicht an der Macht der Herrschenden. Doch wie steht es mit anderen „stolzen“ Menschen?

Achilles ist Thymotiker durch und durch, doch er stirbt jung – auch nicht gerade ein Anreiz, den eigenen Stolz zu entwickeln. Doch über Achilles wäre noch einiges zu sagen. Schauen wir nach seinem innersten Lebensmotiv: Achilles will, dass sein Name unsterblich wird, wenn schon sein Körper sterben muss. Dafür tut er alles und er tut es erfolgreich um den Preis des frühen Todes, von dem er von Anfang an weiß. Achilles wird unbestechlich. Seine eigentliche Heldentat ist nicht der immerwährende Sieg auf dem Schlachtfeld, sondern die vollkommene Kompromisslosigkeit. Wenn eine nicht-abrahamitische Figur mit Recht sagen dürfte „Ich bin der ich bin", dann Achilles. Diese Tatsache rührt an den Kern des thymotischen Prinzips. Keinen Millimeter weicht Achilles von seinem Weg und seiner Bestimmung ab. Er ist im Sinne der humanistischen Psychologie absolut kongruent. Es ist kein anderer Held vorstellbar, dessen Türen für das eigene Schicksal so sperrangelweit offenstanden. Achilles lässt sich durchfluten von seinem Schicksal, ohne das geringste Bedürfnis, in irgendeiner Weise anders zu sein. Die Frage nach Selbstfindung stellt sich ihm nicht, suchen muss er sich nicht, noch nicht einmal gefunden hat er sich, denn gefunden haben hieße gesucht haben. Es scheint, als wäre die thymotische Kraft ihm in die Wiege gelegt worden, das göttliche Erbe seiner Mutter Thetis (der schönen Flussgöttin) wirkt in ihm als Abkürzung. Andere Helden erfahren sich (Odysseus), erfahren die verheerenden Wirkmächte des Schicksals und die eigene Unwissenheit (Ödipus, der sich die Augen, mit denen er die Wahrheit nicht hatte sehen können, ausstich), Achilles aber erfährt lediglich die Erfüllung des Schicksals, über das es bei ihm von Anfang an keinen Zweifel gegeben hat.

Unter thymotisch durchdrungenen Menschen hätte der neoliberale Kapitalismus keinerlei Daseinsgrund: sein fruchtbarer Boden sind Menschen, die sich selbst und ihrem Schicksal entfremdet sind.

Der Thymos findet eine symbolische Parallele in der feinstofflichen Yoga-Anatomie, und es ist nicht verwunderlich, wenn ein Yogi[9] schreibt, dass die meisten Menschen der heutigen Zeit gerade einmal durch die Kraft des ersten und zweiten Chakras leben, aber bereits das dritte Chakra nur von einer verschwindend kleinen Minderheit erschlossen wird. Dieses dritte Chakra, Manipura, auf der Körperebene um den Nabel oder den Solarplexus angesiedelt, ist das Chakra der Selbstbehauptung, der Selbstgenügsamkeit, die sich von den angesammelten Identifikationen fremdinduzierter Bilder zu lösen weiß. Erst in Manipura dringt man zum Kern der Sache vor, zum Kern des eigenen Wesens. Manipura löst die Nabelschnüren nach außen, die bisher sowohl Körper als auch Ich und Persönlichkeit mit psychischen Nährstoffen versorgten, und erschließt sich die in der Tiefe der eigenen Psyche sprudelnde Quelle. Das Ich-System erringt seine Autarkie. Liebe und Schönheit, Tat und Gedanke werden Selbstzweck. Im Hintergrund wirkt die Erkenntnis, dass ein schönes Auto vielleicht Spaß machen kann, aber keinen Deut am Selbstwert und am eigenen Sein zu verändern vermag, weder zum Positiven noch zum Negativen. Diogenes, der zwar besitzlos lebt, aber Alexander den Großen bittet, ihm aus der Sonne zu gehen. Diogenes, der mit Huren befreundet ist, aber der auf dem Marktplatz prustend und lachend und mit demonstrativem Erfolg Hand an sich selbst legt, nachdem Frauen ihn mit der Bemerkung zu provozieren suchen, er brauche ja zumindest eine Frau für den Sexus.

9. Swami Satyananda Saraswati: Kundalini Tantra. Yoga Publications Trust, Munger, Bihar, India, 2009.

Es liegt in der Natur des Radikalen Humanismus, am Motiv des Thymos kein wesentliches Interesse zu haben. Definieren wir Thymos als die Kraft der Selbstbehauptung, der sich selbst genügenden Selbststärke, sich selbst genügend, da sie ihre Quelle in der eigenen Psyche zu finden weiß. Thymotisch starke Menschen wissen darum, dass diese Quelle nicht versiegen kann, nicht ausgetauscht werden kann, eine Quelle also ganz eigenen Typs ist, unverwechselbar und autark. Jede Frage nach der eigenen Identität ist bereits beantwortet, wenn diese Quelle entdeckt und erschlossen ist. Identität braucht dann keine Bilder mehr, keine symbolischen Selbstergänzungen, keine Selbstwertprothesen.

Gleichnishaft zeigt sich die thymotische Kraft in einer kurzen Passage des alten tantrischen Textes *Vijnana Bhairava* aus Kaschmir:

Wenn man eine große Freude erfährt, wie beim Wiedersehen eines Freundes nach langer Zeit, soll man über das Entspringen dieser Freude meditieren, dann wird man darin absorbiert und wird geistig eins mit dieser Freude. (Vijnana Bhairava, 71)[10]

Die thymotische Kraft erweitert das Bewusstsein, indem sie zwischen Gefühl und Auslöser zu trennen gelernt hat. Die übliche Verwechslung des eigenen Gefühls mit einem äußeren Objekt, etwa wenn die eigene Wut sich im Streit gegen den Partner wendet, statt zu erkennen, dass die Wut Teil des eigenen physio-psychischen Organismus ist und

10. Bäumer, Bettina: Vijnana Bhairava. Das göttliche Bewusstsein. Frankfurt/M., Verlag der Weltreligionen, 2013.

vorrangig dort Schaden anrichtet, ist Bestandteil eines präthymotischen Erkenntnisstandes.

Der vom Neoliberalismus zur manipulativen Ideologie geformte Radikale Humanismus ist aber angewiesen auf solcherlei Verwechslungen. Kein Mensch würde sich einen Porsche als Statussymbol kaufen, keine Rolex, keine überteuerten Markenklamotten, keine prestigeträchtigen Handys, wenn das Motiv der symbolischen Selbstergänzung wegfiele. Diese Selbstergänzung wird dann notwendig (und ist nicht nur Spiel), wenn die thymotische Kraft unerschlossen bleibt. Der Hunger nach psychophysischer Energie, die nicht auf die interne Quelle des Thymos zurückgreifen kann, muss mit komplizierten sozialkommunikativen Manövern die Mitmenschen dazu überreden, durch Anerkennung, Lob, Ehrfurcht, Unterwerfungsgesten und anderem ihnen diese Energie zu geben. Gleichzeitig ist man selbst permanentes Opfer dieser Manöver durch wiederum andere. So geben wir psychische Energie, die uns dann (vermeintlich) fehlt, und müssen sie uns nun mit eigenen perfiden Strategien andernorts wieder besorgen. Die Demutshaltung, die wir einem Chef oder einem Reicheren oder Erfolgreicheren erweisen, ist eine Investition, die eine empfindliche Lücke in das psychoenergetische Konto reißt. Diese Lücke füllen wir mit der Arroganz und Überheblichkeit, die wir beispielsweise einem Erfolgloseren gegenüber an den Tag legen. So brauchen wir die Armut des anderen, um uns selbst reicher zu fühlen, brauchen den Narzissmus des Gegenübers, um uns selbst bescheiden fühlen zu dürfen. Diese Kette scheint eine nahezu unendliche zu sein, so wie es Ketten sind, die einen Kreis bilden: Feministinnen haben vermutlich vor nichts mehr Angst, als vor Männern, die sich nicht sexistisch verhalten. Die westlichen Meinungsmonopole haben vor nichts mehr Angst als vor dem Aussterben des islamischen Terrorismus. Ökologische Aktivisten müssen sich mit Recht vor einem gesunden Ökosystem fürchten. In all diesen Fällen verlören die jeweiligen Vertreter die Rechtfertigung für ihre selbstwertdefinierende Empörungsattitüde. Ich möchte damit nicht sagen, dass bestimmte Probleme nicht gesehen und gelöst werden müssen, aber die emotionale innere Beteiligung dabei verweist auf persönliche Programme, die letztlich nur einem Zweck dienen: ein fragiles Selbstkonzept am Laufen zu halten. Nüchterne Problemlösung sieht zum einen anders aus und zum anderen wäre sie auch erfolgreicher.

Eric Berne, der Begründer der Transaktionsanalyse, hat einen treffenden Begriff (als Buchtitel) gewählt, der das Dilemma der Notwendigkeit immerwährenden Managements psychischer Energiezufuhr charakterisiert: *Die Spiele der Erwachsenen.* Die Wahl des Begriffs „Spiel" ist hier ironisch zu verstehen, sie ist ein Verweis auf die Zwanghaftigkeit und die Not dahinter. Denn ein intrinsisches Spiel, wie man es bei Kindern beobachtet, ist es nicht. Es sind aufwendige Manöver, die eine Menge Kraft und damit auch eine Menge sozialer, ökologischer, ökonomischer und psychophysischer Kollateralschäden verursachen. Schäden, mit denen wir mittlerweile konfrontiert sind.

Wie tauglich ethische Werte sind, lässt sich an einem einfachen Kriterium einschätzen: Ermöglichen sie eine Erweiterung des Bewusstseins, des Wahrnehmungsraumes, der Perspektiven, des Einfühlungsvermögens? Vor diesem strengen Kriterium bestehen die Werte der Aufklärung recht gut. Aus diesen leiten sich weitere ethische Prinzipien ab: Selbstbildung im doppelten Sinne eines eigengesteuerten Lernens als auch der Herausbildung der Persönlichkeit, die von Kant genannte Mündigkeit des Menschen, dadurch Befähigung zur Teilhabe, dadurch geistiges Wachstum. Ohne die thymotische Kraft in uns sind diese aufklärerischen Ideale nicht realisierbar.

Paradoxerweise sind Ideen wie die der Pop-Philosophie und psychologischen Freischärler der 60er und 70er Jahre im Zuge der New Age- und Hippie-Bewegung, etwa die eines Timothy Leary, viel näher an diesem Ideal als die heutige Selbstverwirklichungsdoktrin, die das Prinzip der Selbstausbeutung zugunsten entsprechender Arbeitgeber euphemisiert.

Eine kulturelle Rehabilitierung des Thymos erst kann ihm seine negativen Tönungen, etwa im Begriff des Stolzes, nehmen. Das Verdrängte wirkt aus dem Untergrund, seine Interventionen sind autark, frei von bewusster Kontrolle, damit auch frei von einer bewusst errungenen Ethik, seine Wirkungen entsprechend unvorhersehbar. Etwas das aber zur Natur des Menschen gehört, kann nicht vernichtet werden, ohne dabei den ganzen Menschen mit zu vernichten. Es gibt demzufolge nur eine Lösung des thymotischen Problems: Sein Vorhandensein im Inventar angeborener Eigenschaften des Menschen muss anerkannt werden, der Thymos muss ins Bewusstsein des Einzelnen als auch der Gesellschaft gehoben, muss also in Diskursen in Kultur und Psychologie besprochen und verhandelt, muss in eine allgemeine Ethik integriert werden, und alle Bereiche der Human- und Geisteswissenschaften sollten ihn in ihren angewandten Bereichen, etwa in Psychotherapie und Pädagogik, als einen wichtigen Teil des Ganzen integrieren. Selbstbildung schließt die Beherrschung des Thymos ein. Seine Ausformungen müssen *errungen* werden, nicht anders als auch spirituelle, weltanschauliche und psychische Einstellungen. Ohne Thymos ist Mündigkeit nicht denkbar. Ohne Mündigkeit kein Humanismus, und ohne einen solchen keine funktionierende Demokratie, die diesen Namen verdient.

7

Der verstörende Imperativ: Sei du selbst!

Der Imperativ „Sei du selbst!" ist in erster Linie ein vernichtendes Urteil über den Adressaten, das diesem unterstellt, in seiner Kommunikation und seinem Verhalten nicht echt, also falsch zu sein. Die menschliche Eigenschaft, während der Sozialisation Kompromisse zwischen dem sozialen Anpassungsdruck und eigenen Bedürfnissen und Zielen schließen zu lernen, wird hier zu einem fundamentalen Makel und damit zu einer Selbstschwäche des Menschen umjustiert. Wird ein solcher Imperativ zur Mode, etabliert sich eine Kultur der Selbst- und Fremdabwertung.

Die Aufforderung „Sei du selbst!" lässt sich auf zweierlei Art lesen, und beide Arten sind diametral verschieden. In einer ersten Deutung kann der Satz als Aufforderung zu einer gewissen Authentizität verstanden werden, zu einer auf den Augenblick bezogenen ungekünstelten, unverstellten Haltung, bei der Innenwahrnehmung und Verhalten nach außen kongruent sind. „Sei du selbst!" würde also hier meinen: Verbiege dich nicht, nimm wahr, was du fühlst und handle ohne Scheu danach. Mehr noch: Handle, wie du willst! Wobei der Wille hier verstanden wird als das kongruente intrinsische Motiv für Entscheidungen und Handlungen, als die innere Richtschnur, die einen Menschen zu seine passenden Inhalten und Lebensumständen zu führen weiß. Die antagonistische Botschaft dieses Satzes aber lautet, dass all dies auf den Adressaten zutrifft: Er verbiege sich, sei unecht, sei nicht, was er sein könnte, folge seiner inneren Richtschnur nicht.

Voraussetzung für die geforderte Wesens- und Verhaltens-Kongruenz ist eine präzise Selbstwahrnehmung, ein sinnlicher, emotionaler und kognitiver Kontakt zu sich selbst, eine Bedingung, die nur dann erfüllt ist, wenn der Mensch über einen relativ stabilen und verlässlichen Identitätskern verfügt. Wir werden weiter unten sehen, dass zunehmende Trends von Entselbstungen zu einer Auflösung dieses Identitätskerns führen.

Vollends paradox wird die Aufforderung „Sei du selbst!", wenn sie zum Teil des sozialen Anpassungsdrucks geworden ist: Ganz man selbst zu sein wird zu einem kollektiven Wert, an den man sich anzupassen hat. Folgt man diesem, ist man bereits daran gescheitert.

Hinzu kommen aber noch weitere Fragen: Welche Verhaltenstendenzen gehören denn eigentlich „zu mir", würden also dem Befehl, ich selbst zu sein, genügen? Sind, freudianisch gesprochen, nur die ES-Triebe als der innere Wille zu verstehen? Die Über-Ich-Aspekte hingegen als Ausdruck des Erwartungsdrucks von außen? Oder schließt das „Ich selbst" auch die erworbenen Über-Ich-Aspekte mit ein? Ist also meine gelernte Scheu, meinen egoischen Willen klar zu kommunizieren und damit Verletzungen auf der Seite des Gegenübers in Kauf zu nehmen, Teil dieses „Ich selbst"? Oder ein durch Erziehung mir eingepflanzter psychischer Fremdkörper, dem ich mich zu entledigen habe, wenn ich „ich selbst" sein möchte?

Es wird deutlich, dass diese Fragen nur auf sehr persönliche Weise zu beantworten sind, und dass für diese Beantwortung ein längerer oder sogar lebenslanger Prozess der Selbstreflexion und der Selbstdisziplin notwendig ist.

Und so kommen wir zu der anderen Lesart der Aufforderung „Sei du selbst!". Hier wird das verwirklichte Selbst als ein Ideal verstanden, als ein Ziel, dessen Realisierung in der Zukunft liegt. Voraussetzung für diese Deutung ist die Akzeptanz der Tatsache, dass wir noch nicht wirklich, also lediglich Potential sind. Dass wir demzufolge auch noch nicht zu einer klaren Identität haben finden können und dass dies allerdings möglich, wenn auch schwer zu erreichen ist. Offensichtlich ist dies die Interpretation, die dem Radikalen Humanismus als Instrument zur Etablierung eines lukrativen Selbstfindungs- und Selbstpflegemarktes entgegen kommt.

Beides gemeinsam, die Aufforderung, JETZT kongruent zu sein und die Suggestion, jetzt gar nicht kongruent sein zu können, da man ja die vorausgesetzte Verwirklichung erst noch zu erreichen habe, erzeugt einen immerwährenden Zustand innerpsychischer und handlungsbezogener Verwirrung und Unsicherheit. Der moderne Mensch wird auf diese Weise aktiv daran gehindert, ein stabiles Identitätsgefühl zu entwickeln. Was also verlangt wird, entweder im JETZT oder in der Zukunft, wird durch diese Aufforderungen von Vornherein verhindert. Der Radikale Humanismus hat es geschafft, eine Lösung für ein Problem anzubieten, das er selbst erst erzeugt hat.

Der Mensch, der in die Falle des Radikalen Humanismus tappt, wird ein überdauerndes Identitätsgefühl nicht aufbauen können. Und doch wird er tagtäglich mit dem Druck konfrontiert, doch nun endlich ein solches Identitätsgefühl zu entwickeln. Der moderne Mensch wird zu einem gehetzt Suchenden, der ständig das Belanglose findet, das ihm kurzzeitig das trügerische Gefühl vermittelt, nun etwas Identitätsstiftendes gefunden zu haben, doch die identitätsstiftende Wirkung des immer wieder Gefundenen hält nicht länger als die Wirkung einer Droge.

Der moderne Mensch wird zu einem gehetzten Tier. Gehetzt, weil der Druck immens ist und weil, wie gleich näher erklärt wird, er zu einem Süchtigen wird; und Tier, weil sein Bewusstseinszustand in einem immerwährenden Status der (biologischen) Orientierungs- und Stressreaktion gefangen ist. Das neokortikale Element innerer Ruhe und Beschaulichkeit, eines der Kennzeichen des Menschseins, wird an seiner Entfaltung gehindert.

Was verursacht den Stress? Die neoliberale Triebkraft liegt in der Ausbeutung von Ressourcen. Historisch interessante Ressourcen waren Rohstoffe, Land, Reichtümer, die zu Handel und Handeln befähigten, etwa Gold und Geld. Diese Ressourcen sind noch immer begehrt und umkämpft, aber es sind neue Ressourcen hinzugekommen, um die ein erbitterter Kampf tobt. Das ist zum einen die *Aufmerksamkeit* der Menschen: Was nehmen wir wahr, wo schauen wir hin, welche Information wird also unser Handeln aus dem Unbewussten (Vorbewussten und gegebenenfalls auch aus dem Bewusstsein) heraus bestimmen? Das Interesse an dieser Ressource begann mit der Industrialisierung, verstärkte sich während des letzten Jahrhunderts und ist gegenwärtig so interessant wie nie zuvor. Es tobt ein erbitterter Kampf um unsere Blickrichtungen, um die Aufmerksamkeit, mit der wir Gehörtem folgen, um unser (wenn auch nur kurzzeitig) wachgerufenes Interesse an irgendetwas uns Dargebotenem.

Die andere heute relevante Ressource ist damit eng verbunden: digitale Daten über Menschen, ihre Einstellungen und ihr Verhalten.

Die dahinter steckende Dynamik ist nicht anders als diabolisch zu nennen. Die permanente Identitätsverunsicherung, das Verhindern des Findens einer überdauernden Identität des Menschen erzeugt Stress, erzeugt suchendes (gehetztes) Verhalten. Dieses wiederum lässt die Aufmerksamkeit überallhin schweifen, zu neuen Angeboten, zu Werbung, zu Konsumgütern, zu meinungsstiftenden oder meinungsverstärkenden Informationen, zu bisher nicht ausprobierten Handlungsmöglichkeiten, zu Zerstreuung und Unterhaltung. Und ebenso generiert dieses Verhalten digitale Daten. Denn Menschen in diesem Zustand googeln, sie suchen im Internet, sie recherchieren, sie klicken auf sozialen Medien dies und jenes an – alles Datenmaterial, jeder Klick eine Fütterung des digitalen Monstrums.

Der Jetztmensch, Spielball des neoliberalen Machtsystems, das sich zunehmend über den Planeten ausbreitet, wird durch diese Dynamik zu einem Süchtigen.[11]

Die *double bind* – Kernbotschaften des Radikalen Humanismus („Sei du selbst!“ Und: „Verwirkliche dich erst einmal selbst!“) frustrieren mehrere Grundbedürfnisse: das nach Identitäts- und Sinnstiftung, nach Selbstwertsicherung, nach Autonomie und nach Kontrolle der Ereignisse, und in der Folge durch die entstehenden unsicheren Lebensläufe oft auch das nach Bindung, nach Entwicklung, nach Anerkennung, ganz zu schweigen vom Grundbedürfnis nach Lustgewinn und Unlustvermeidung, also dem Streben nach hinreichend positiven Gefühlen und die hinreichende Vermeidung von Angst, Existenzangst, Unsicherheit, Panik und Minderwertigkeit.

11. Die psychischen Mechanismen der Sucht kennen wir aus den klinischen Fällen des Drogenmissbrauchs.
Jede Sucht entsteht durch ein Missverhältnis aus inneren Werten, Wünschen und Bedürfnissen und den individuellen Möglichkeiten, diese hinreichend zu befriedigen einerseits und den äußeren Bedingungen andererseits, die (emotionale) Frustrationen entstehen lassen können. Frustration meint ein ganzes Bündel an emotionalen Reaktionen auf reale Deprivationen. Eine Deprivation ist die anhaltende Nichterfüllung eines Grundbedürfnisses. Ein Grundbedürfnis definieren wir als ein Bedürfnis, das nicht dauerhaft gelöscht werden kann, etwa die Bedürfnisse nach physiologischer Versorgung (satt werden, schlafen können, nicht frieren müssen etc.), nach Bindung, nach Selbstwertsicherung, nach hinreichender Kontrolle über die Ereignisse des eigenen Lebens, nach Autonomie und Entwicklung. Sind diese Bedürfnisse nicht erfüllt, fühlen wir uns frustriert. Diese Frustrationen fühlen wir unangenehm, wir wollen diese negativen Empfindungen beenden und positive Emotionen erleben. Da die Ursachen dieser Frustrationen aber in den Lebensbedingungen liegen, ist der Weg oft mühsam. Wie viel einfacher ist es aber, an den momentanen Emotionen selbst anzusetzen: Durch eine künstliche Intervention lassen sich Gefühle kurzfristig zum Angenehmen hin manipulieren, allerdings ohne die Ursachen für die negativen Gefühle zu beseitigen. Die Flasche Wodka, der Joint, das Kokain, Crystal, Medikamente, möglicherweise nicht substanzgebundene Interventionen, etwa sich in Arbeit oder Spiele oder Sex zu stürzen, können die Emotionslage kurzfristig umjustieren. Lässt die Droge nach (ob nun substanzgebunden oder nicht), wirken die Ursachen wieder und die negative Emotionslage kehrt zurück, vielleicht sogar verstärkt, da zum ursächlichen Problem weitere gekommen sind, etwa die Drogensucht, die Beschaffungsnotwendigkeit, die damit einhergehende Abhängigkeit und einiges mehr. Ein Teufelskreis.

Der Mensch sucht nach Lösungen. Scheinbare Lösungen werden ihm zuhauf angeboten. Aber all diese Lösungsangebote sind irreführend, werden das Problem nicht lösen, es sind gestellte Fallen. Der in Identitätsnot geratene Mensch weiß von seiner Misere zumeist nichts. Das Gefühl existenzieller Angst, umfassender Minderwertigkeit, der Stress der gegenwärtigen Gesellschaftsstruktur wirkt aus dem Hintergrund, wird, da bereits habituiert, kaum noch wahrgenommen. Und doch schweift die Aufmerksamkeit suchend umher, findet dort Lösungen, da Lösungen, also neue Klamotten, Hipsterstyle, eine Umschulung, Weiterbildung, eine neue Selbstständigkeit, eine neue Identitätsmöglichkeit. Im Internet, ausgerüstet mit einer avatarähnlichen „Identität" mag er sich sein Selbstwertgefühl in virtuellen Welten holen, sein Liebesbedürfnis auf reine masturbatorische Lustveräußerung reduzieren und mit Hilfe pornografischer Stimulans sein Ding durchziehen, mal rechtsnational sein, mal ökologisch interessiert, mal dies mal jenes, alles ohne persönlichen Belang.

Die schon neurotische Angst, mit der medial forciert auf Klimaänderungen reagiert wird, ist als eine kollektive Projektion zu verstehen: Hier kann ich sagen, dass alles im Argen liegt, dass sich unbedingt etwas ändern muss, sonst können wir nicht weiterleben; hier darf ich sagen, dass all der Müll viel zu viel ist und uns ersticken lässt. Das mag zwar größtenteils stimmen. Doch nur weil es stimmt, heißt das nicht, dass dieses Phänomen nicht auch zur persönlichen Panikabfuhr ausgenutzt werden kann. Denn die Empörung über die Umweltverschmutzung ist eben auch der stellvertretende Ausdruck für die persönliche Notlage: das Gehirn, das durch Informationsmüll verseucht ist wie die Ozeane durch Plastik, die Luft, die mancherorts kaum noch zu atmen ist, wie wir selbst aus lauter Stress kaum noch in Ruhe, also parasympathikoton, atmen können, und wie unser Sichtfeld verseucht ist durch bunte Bilder, Werbung, sexuelle Hinweisreize, konsumatorische Aufforderungen.

Es läuft!, sagen die neoliberalen Kräfte, daran muss nichts geändert werden.

Es ist in diesem Zusammenhang unnötig, Schuldige benennen zu wollen. Es ist sehr unwahrscheinlich, dass hinter den aktuellen Entwicklungen ein bewusst ausgeführter Plan mit perfider Absicht steht. Vielmehr scheint es sich um systemische Notwendigkeiten zu handeln, um eine Kette von multikausalen Ereignissen, die einen einmal eingesetzten Trend immer mehr verstärken. Natürlich gibt es Gewinner dieser Entwicklungen, doch damit schon auf Absicht zu schließen, wäre etwas paranoid. Für die Gewinner (an Macht und Finanzen) sind die dynamischen Ereignisse lediglich vorteilhaft.

Menschen sind empört. Diese Empörung ist im Grunde die Empörung darüber, dass die Potentiale des eigenen Lebens, aber auch die Grundbedürfnisse nicht hinreichend gelebt werden und dass man gezwungen ist, in der besten aller Welten (des angeblich so wohlhabenden Westens) weder Sicherheit, noch Glück, noch Anerkennung zu erfahren, und stattdessen mit immerwährenden Drohungen sozialen Abstiegs, Verelendung, Verarmung, Scheiterns leben zu müssen. Das Empörungspotential muss nun nur in bestimmte Kanäle gelenkt werden. Und die gibt es reichlich: Empörungsmöglichkeiten liefern Sexismus, Terrorismus, das Klima, Trump, Putin und Erdogan, erfolgloser Fußball, das Erstarken der Rechten, die Diktatur der Linken, die Kanzlerin, der Brexit, die Griechen, weil sie zu faul seien, und so einiges mehr. Empörungen richten sich also in alle möglichen Richtungen, immer aber weg vom eigentlichen Ursachenherd der inneren Unruhe. Solange das so bleibt, wird der Neoliberalismus zumindest von Seiten der Menschen keinen nennenswerten Widerstand erfahren.

Dem Verfasser ist in diesem Zusammenhang durchaus klar, dass seine Argumentation einen weiteren (und auch recht verbreiteten) Empörungskanal eröffnet: den der Empörung über den Neoliberalismus. Seien wir also damit vorsichtig. Es ist unnötig, gegen den Neoliberalismus zu kämpfen. Täte man das, würde man nur die eigene Empörungsenergie von sich und vom Herd der Ursachen weg in Richtung eines äußeren Schreckgespenstes schicken. Der Neoliberalismus muss nicht bekämpft werden, denn jeder Kampf gegen ihn macht ihn paradoxerweise nur stärker. Vielleicht würde das Personal des Neoliberalismus durch eine Revolution ausgetauscht werden, nicht aber das Prinzip als solches. Wichtiger und effektiver ist es, die Prämissen des gewohnten Weltbildes zu hinterfragen, ohne Scheu den eigenen Erkenntnissen zu vertrauen und sich um eine Gesundung des eigenen Lebens zu bemühen. Bei aller (metaphorischen) Angst vor dem Teufel: Er ist nicht sonderlich klug. Die Kräfte der Verführung, das liegt in ihrer Natur, können nicht überschauender sein als die des zu Verführenden. Mephisto glaubte allen Ernstes, einen Menschen vom Kaliber eines Fausts bereits durch einen simplen Kneipenbesuch übertölpeln zu können, wobei es immerhin um dessen Seele ging.

Hinterfragen wir also das etablierte Weltbild und werfen über Bord, was uns nicht gut tut, was unseren Blick und unser Handeln irrt.

8

Ist Selbsterkenntnis möglich?

Wie kann man sich kennen, wie sich erkennen? Jeder aktiven Selbsterkenntnis haftet eine Tendenz zur Dissoziation an: Man splittet sich auf in das zu Erkennende und den Erkennenden. Da im Erkannten der Erkennende aber nicht enthalten ist, wird das Ergebnis unvollständig und verzerrt bleiben. Man macht einen Teil von sich, den man für das Ganze hält, zu einem distalen Objekt, bleibt aber blind für den Beobachter.

Wer handelt dann? Der, den man kennt als sich selbst? Oder lässt man den handeln wie eine Handpuppe? Folgerichtig ergäbe sich, dass man dieser Erkannte nicht sein kann. Wie also kann man handeln als man selbst? Indem man sich eins macht, verschmilzt mit sich. Selbst-Erkennen aber ist dann ausgeschlossen. Nur Handeln ist möglich – und ein Gewahrwerden dieser Handlungen. Welche Handlungen sind dann möglich? Jene aus Gefühl und Instinkt. Man tut, was man will. Aus dem Gewahrwerden dieser Handlungen sind retrospektiv einige Eigenschaften und Eigenarten ableitbar, von denen man vermuten darf, dass sie sichtbarer Ausdruck von einem selbst sind. Die *nur* rationale und imaginär-visuelle Selbsterkenntnis ist so nicht möglich.

Eine solche Selbsterkenntnis wäre durch Meditation denkbar. Meditation aber ist dann ein temporärer dissoziativer Zustand des Bewusstseins, das sich kurzzeitig aus der Einheit mit sich selbst beurlaubt. Keine schlechte Idee.

Ein häufig zu hörendes Schlagwort moderner Psychologie lautet „Authentizität" (Echtheit, ursprünglich [griech./lat.] sinngemäß: *als das Original empfunden*). Die sogenannte Echtheit einer Person, im Sinne einer Wiedererkennbarkeit und Zuverlässigkeit des Wesenskerns, steht aber im Widerspruch zum radikal-humanistischen Diktat der ständigen Weiterentwicklung.

Die moderne Einstellung zum allgemeinen Lauf der Dinge besteht in einer finalistischen Ontologie. Entwicklung, sowohl weltgeschichtlich als auch persönlich, wird verstanden als ein evolutionärer Prozess vom Niederen, weniger Komplexen, hin zu „Höherentwickeltem".[12] Viele Entwicklungsmodelle der Psychologie, vor allem der Humanistischen Psychologie, postulieren Stufenmodelle, an deren Basis niedere Bedürfnisse und Eigenschaften angesiedelt werden, und an deren Spitzen quasi-erleuchtete Zustände dem Menschen suggerieren, das müsse er erreichen, wenn er könnte. Diese grundsätzlich finalistische Haltung prägt das Wirtschaftssystem, die Politik, die

12. Solche Stufenmodelle mögen auf den ersten Blick den Eindruck erwecken, sie böten dem Menschen ergebnisoffen eine Perspektive für die Entfaltung individueller Anlagen. Tatsächlich aber sind die Stufen (auch jene ?höheren?, vom Rezipienten vielleicht noch nicht erreichten) allesamt Ableitungen aus Stichproben von Menschen und deren Erfahrungen, die bereits in der Vergangenheit liegen. In solchen Stufenmodellen liegt also keineswegs eine Psychologie der Potenzialität, sondern vielmehr eine Einladung, den Erfahrungen anderer zu folgen. Hier zeigt sich der konservative Charakter der Psychologie, die alles potenziell Kommende am schon Gewesenen misst und damit das Unerwartete ausschließt.

Geschichtswissenschaften, Pädagogik und Psychologie, aber auch die individuellen Einstellungen von Menschen bezüglich ihrer selbst.

Der Blick auf sich selbst wird rastlos, richtet sich auf das künftig zu Erreichende. Das Denken und Fühlen, Wahrnehmen und Entscheiden rutscht somit immer wieder in eine *Zone nächster Entwicklung*, in die Erwartung einer Potenzialität höherer und wirksamerer Kompetenz.

Nun gut, Entwicklung und Wandlung sind Teil der menschlichen Natur. Der Körper wächst seit Geburt, reift aus, verändert sich über die Lebensspanne, gewinnt und verliert Kompetenzen. Die Psyche muss sich anpassen, muss mitreifen, sich mit verändern; Psyche und Körper beeinflussen sich wechselseitig – der Aspekt der Wandlung. Doch Wandlung steht immer auch der Stabilität gegenüber, beide sind Polaritäten des Lebens. Die radikal-humanistische Haltung berücksichtigt lediglich den Wandlungsaspekt, unterstellt ihm Zielgerichtetheit und nennt ihn „Fortschritt".

Es scheint sinnvoll zu sein, sich hin und wieder freizumachen von jedem Gedanken an „Weiterentwicklung", und in sich den Gedanken zuzulassen und zu kultivieren, dass das *jetzige* Sein genau das ist, was es ist, ohne jede Notwendigkeit zur Veränderung und Weiterentwicklung. Der Blick zieht sich aus den Potenzialen nächster Entwicklung zurück in die Gegenwart, fokussiert sich. Eine Tiefe der Selbstwahrnehmung wird möglich. Eine Tiefe, die nicht erreicht werden kann, wenn die Jetzt-Eigenschaften lediglich als noch zu gestaltendes Rohmaterial gesehen werden. Das „Dunkle" (vorher noch als aufzulösender „Schatten" wahrgenommen) darf sein, dessen Räume öffnen sich, offenbaren seine (auch) schönen Seiten, werden Teil des

Ganzen der Persönlichkeit. Der Mensch bekommt Schärfe und Kontur; Entwicklung geschieht somit implizit.

Die Selbsterkenntnis wird zu einer Begleiterscheinung der *Erfahrung*. Erfahrung setzt Tat voraus, setzt voraus, dass die verschiedenen Facetten des Seins ins Außen gerinnen dürfen, etwa in Form von Kunst, von Arbeit, Stil und Kommunikation. Selbsterkenntnis wird zu einem Bezeugen des Erfahrungsflusses.

Ein Großteil psychologischer Methoden zur Selbsterkenntnis, unter anderem die Psychoanalyse, sind darauf angelegt, die Selbst-Kenntnis zu einem festen Motiv des kognitiv-affektiven Systems eines Menschen zu machen. Es reicht nicht zu handeln, man muss, so der Anspruch, sich auch über die tiefen Mechanismen im Klaren sein, die zur Handlung führen. Die Handlung wird dadurch zu einer Antwort auf die retrospektiven Bemühungen, aus dem bisherigen Lebenslauf einen Sinn zu stricken. Entscheidungen und Handlungen werden zu Fortführungen und dadurch auch zu Bestätigung und Rechtfertigung eines kausalen Stranges aus Selbstkenntnisnahme, besser: Selbstkonstruktion.

So sehr Psychoanalyse und Radikaler Humanismus implizite Allianzen eingehen und Menschen in ihrer Selbst- und Lebenswahrnehmung beeinflussen, gibt es doch auch antagonistische Wirkungen der beiden Ideologien. Der radikal-humanistische Zwang zu klaren Lebenszielen ordnet sich dem Zwang zur erkannten Kausalität der psychischen Ereignisketten unter. Das theoretische Modell der Psychoanalyse hat sich somit zu einem Muster, zu einer Schablone aufgeschwungen, die dem Menschen nicht nur

Sinnhaftigkeit, sondern auch die Realisierung eines daraus abgeleiteten Entwurfs einer Zukunft aufzwingt.

Deleuze und Guattari beschrieben in *Anti-Ödipus*[13] die Psychoanalyse als einen Stempel, der den Produktionen der unbewussten Wunschfabrik ihre Muster aufzwingt.

Seitdem der Radikale Humanismus nach dem Muster organisatorischer Projektplanung von Menschen Lebensziele und deren Evaluationen durch deren messbare Erreichung einfordert, sind Lebensziellose nicht mehr kreative Geister, deren Handlungen und Werke den Tatraum des Menschen erweitern, sondern Menschen mit einem Mangel. Jemandem einzureden, eine seiner Eigenschaften sei ein Makel, den es entweder auszumerzen oder aber zu verbergen gilt, heißt eine Stärke in eine Schwäche umzudeuten. Was in der psychischen Tiefe dabei geschwächt wird, ist das thymotische Motiv. Das also, was Selbstvertrauen und Würde, damit auch Selbstwahrnehmung erst ermöglicht, nämlich die Integration dessen, was einem im Wesenskern liegt, wird zu einem Makel erklärt, wird verdrängt und innerpsychisch isoliert, und hinterlässt damit nicht nur eine matschige Lücke im Selbstwertgefühl, sondern ebenso in der Selbstwahrnehmung. Der Thymos, der stolze und würdevolle Selbstbehauptungswille, wird gebrochen und ohne diesen wird man seiner selbst unsicher. Die notwendige Lösung, so suggeriert der Zeitgeist, seien klare Zielsetzungen, effiziente Karriereplanung und nachweisbare Erfolge. Dem thymotischen Motiv wird eine Krücke gereicht, und der Mensch eingereiht in eine Kohorte im

13. Deleuze, Gilles/ Guattari, Félix: Anti-Ödipus. Frankfurt/M., Suhrkamp, 1977.

Gleichschritt ihren Lebensweg abschreitender Funktionsparameter.

Selbsterkenntnis, sagten wir, bedingt zwangsläufig eine Objektivierung des erkannten Selbstkonzepts und damit eine Dissoziation zwischen dem Erkennenden und dem Erkannten.

Zeit, den Begriff der Subjektivität näher zu beleuchten.

9

Die Unwägbarkeit der Subjektivität

Subjektivität als Begriff ist der paradoxe Versuch, die Intimität des Geistes (oder Wesens) zu objektivieren. Doch allein die Tatsache des Alleinseins des Geistes (oder Wesens) und seiner Unerkennbarkeit von außen darf objektiv genannt werden.

Stellt man sich Subjektivität und Objektivität als zwei Pole eines Kontinuums vor (und nicht mehr als kategoriale Entweder-oder-Entscheidungen), verliert das lebendige Gegenüber in dem Maße seine Subjektivität, je mehr ich es erkenne. Anders gesagt: Allein der Versuch, mein Gegenüber zu erkennen, ist der Versuch, ihn zu objektivieren. Hätte ich einen Menschen vollständig verstanden, hätte ich ihn zu einem Objekt gemacht.

Das kommunikative Wechselspiel zwischen unerkennbaren (und sich selbst auch nur bedingt erkennbaren) Wesenheiten nennen wir Intersubjektivität, und dieser wohnt immer eine Unsicherheit, damit ein Aushandeln, ein Erzeugen eines intersubjektiven Erkenntnisraumes inne, der als ein „Drittes" zwischen den beiden Handelnden vorzustellen ist. Dieser ist in seinem Werden organisch, da zu jedem Zeitpunkt seine Entwicklung in alle Richtungen offen bleibt. Je objektiver (also in seinen tiefsten Strukturen erkannter) das zu behandelnde Wesen wird, desto weniger organisch ist die Beziehung zwischen mir und „ihm“. Die endgültige Objektivität wäre erreicht, interagierten zwei Maschinen gleichen Typs miteinander, da – weil beide gleich – sie sich in ihrer Tiefe zu hundert Prozent erkennen.

Eine radikale Subjektivität kann es hingegen in der sozialen Realität ebenso wenig geben, da für jede Interaktion eine hinreichende Erkennbarkeit gegeben sein muss. Das subjektive Gegenüber muss also zumindest als solches wahrgenommen werden können, was bedeutet, dass dieses bereits über erkennbare Eigenschaften verfügen muss.

Übertragen auf die Lebenswirklichkeit des Menschen, auf seine Beziehungen zu Mitmenschen, aber auch auf seine Beziehung zu Tieren, Pflanzen, zu dem Planeten, hieße diese Erkenntnis, ein gewisses Maß an Unsicherheit über die Natur des Gegenübers akzeptieren zu müssen. Es hieße auch, das Erkennenwollen des Gegenübers als ein Spiel sehen zu können, das kein Ergebnis kennt.

Das Bedürfnis nach Objektivität zeigt das Kontrollbedürfnis des Menschen an, den diese Unsicherheit bezüglich seines Gegenübers ängstigt. Dieser Angst wiederum liegt eine starke Unsicherheit über die eigene Subjektivität, also über das eigene, intime, für andere unerkennbare und für einen selbst nur bedingt erkennbare (aber jederzeit erfahrbare) Wesen zugrunde.

Die Ursache für die im letzten Absatz genannte Angst – die Ursache für das Bedürfnis zur Objektivierung und damit Kontrollierbarkeit des Gegenübers – finden wir in der inneren Leere des Menschen. Es ist leider nicht die

Leere eines sich selbst reinigenden Geistes, wie wir sie aus buddhistischen oder hinduistischen Meditationsschulen kennen, sondern die Leere eines Geistes, der für sich selbst nicht wahrnehmungsfähig ist. Die Aufmerksamkeit – verstanden als kognitives Tool, das zur bewussten Fokussierung von wahrnehmungsrelevanten Sachverhalten dient – bindet sich an Außenreize, die interessant, amüsant, aufregend oder fordernd sind. Diese Außenreize werden zur notwendigen Bedingung für die eigenen Gefühle, da es an der Fähigkeit zur Selbstwahrnehmung fehlt: Ohne amüsanten Außenreiz keine Freude, keine Heiterkeit.

Ohne erregenden Außenreiz kein inneres Empfinden von Erotik.

Ohne Geborgenheitssignale von außen keine inneren Sicherheitsgefühle.

Ohne äußere Bestätigung kein tiefes Selbstwirksamkeitsgefühl.

Ohne einströmende Informationsflut kein Hervorbringen eigenen Denkens.

All diese Induzierungen von Pseudo-Selbstempfindungen verhindern Kreativität. Das Zuviel an Außenreizen wird zu einer Sucht, deren Konsum über den Mangel an Kreativität, also über den Mangel an „Selbst" hinwegtäuschen soll.

Setzt der Geist einmal aus eigener Kraft etwas zusammen – einen Gedanken, ein Bild, eine Einsicht – bleibt diese Erfahrung als Idee im Geist erhalten. Was im Innen geschieht, kann auch wahrnehmungsfähig sein. Der geistige Blick richtet sich darauf, richtet sich aufs Innen – es entstehen Selbstwahrnehmung und damit Selbsterkenntnis. Je stärker diese, desto stärker der innere Halt, das Gefühl einer eigenen Substantialität, das Gefühl des eigenen organischen Seins. Das Bedürfnis nach Außenkontrolle nimmt ab. Subjektive und intersubjektive Beziehungen mit ihren inhärenten Unsicherheiten werden möglich.

In vielen gesellschaftlichen Kontexten erkennen wir die Spuren der Objektivierung.

Schüler werden durch Bewertung ihrer Leistungen objektiviert.

Patienten werden objektiviert, indem sie auf objektivierte Krankheitsdiagnosen reduziert werden.

Bürger werden überwacht, der Wille muss zählbar sein.

Wo solch starke Objektivierungstendenzen sichtbar werden, muss Angst vermutet werden und damit die gähnende Leere im Innen.

10

Selbstverlust und Selbstsuche

Spätestens seit Herrmann Hesse ist es zu einer Mode geworden, dass sensiblere Menschen „sich selbst suchen". Wie konnte es zu einem solchen Sprach-Ungetüm kommen? Es musste etwas geschehen sein, das Menschen ihren selbstwahrnehmenden Kontakt zu sich selbst hat verlieren lassen. Denn wer käme auf die Idee sich zu suchen? Nur Verrückte. Die Selbstsuche ist per se eine Unmöglichkeit und damit vollkommen nutzlos. Wie kann der Suchende gleichzeitig der Gegenstand seiner Suche sein? Wir müssen davon ausgehen, dass jeder Mensch bereits a priori bei sich selbst, mehr noch, mit sich deckungsgleich ist. Wo einer ist, kann kein anderer sein, und dieser eine kann auch nicht woanders sein, es sei denn, er teile sich, klone sich, verdoppele sich. Und hier haben wir die Spur, die zu der Ursache der Verwirrung führen könnte: Die Verdoppelung.

Es muss sich eine konkurrierende Ichkonstruktion in das Denken und Fühlen jenes Menschen eingeschlichen haben, die von sich behauptet, man selbst zu sein, und das ursprüngliche Selbst damit verdeckt und unsichtbar macht. Ein vages Unbehagen lässt nun den Menschen nach dem wahren Identitätsgefühl suchen.

Diese Suche aber ist überflüssig. Vielmehr besteht der Weg zu einer bewussten Identität (damit meine ich hier einen direkten, unverstellten Kontakt zum eigenen Fühlen, Denken, Empfinden, Wollen und Sein, kurz: die Kongruenz von innerpsychischer Selbstwahrnehmung und Verhalten) im rigorosen und gegenüber dem Scheinselbst rücksichtslosen Erkenntnisprozess. Wer das Fremdselbst erkennt, kann es dekonstruieren. Was übrig bleibt, ist man selbst, wenn auch ungeübt, untrainiert, ein Seelenkind.

Statt also von der Selbstsuche zu sprechen, müsste es richtiger heißen, man suche nach Resonanzmöglichkeiten in der Welt, die zu einem passen. Nach Resonanzmöglichkeiten, die das innere Wesen (mit all seinen Potenzialen, Wünschen, Sehnsüchten, Veranlagungen, Talenten) erfahrbar und spürbar werden lassen.

Wir suchen nicht uns selbst, sondern die Passung.

Es ist nicht die Selbstsuche, sondern die Suche nach Welt, nach positiver Resonanz.

Auch Hesse war mitnichten ein Selbstsuchender, er war ganz bei sich – seine Suche war die nach Lebensbedingungen, die seinem (durchaus nicht abhanden gekommenen) Selbst mehr entsprachen, als die gesellschaftlich und sozial vorgefertigten Rollen, die ihm seit seiner Kindheit angeboten wurden. Hesse war ein Trotzkopf, der ein Leben mit jenem Fremdselbst und *dessen* Resonanzen von vornherein ablehnte. Daher auch sein Erfolg bis heute. Seine trotzige Attitüde ist voller Zorn – im Hintergrund wirkt das tiefe Motiv des Thymos durch.

Harry Haller, der Steppenwolf, suchte nie sich selbst. Liest man die ersten Kapitel des Steppenwolfs, stellt man ein tiefes Beisichselbstsein fest. Da sucht jemand, aber nicht sich selbst. Der Suchende ist bereits tief in der Resignation dessen, der das Finden bereits für unmöglich hält. Was er schlussendlich findet, ist nicht er selbst, sondern die zu ihm passende Gemeinschaft von Menschen (oder Traumfiguren), die in ihrer archetypischen Reinheit ähnlich im Kontakt mit sich selbst zu sein scheinen wie Haller selbst. Er findet nicht sich, sondern die Passung. Er findet die anderen Pole möglicher Resonanzachsen, die im Miteinander zum Schwingen bringen, was ganz ihm (und nicht dem Fremdselbst) eigen ist.

Der Begriff der Selbstsuche ist so außerordentlich gefährlich, weil er bereits im Wort selbst suggeriert, man selbst sei nicht bei sich, und das sei ein intrinsisches Problem. Menschen, die in diesem begrifflichen Irrtum gefangen sind, sind willfährige Konsumenten. Die *Holy Quest*, die nie zum Abschluss kommen kann, will gut ausgerüstet und finanziert sein. Und so entsteht eine Unmenge an Märkten, die ein breites Spektrum zwischen Psychotherapie, Pharmaprodukten, Lifestyle, Esoterik, Freizeit und Tourismus bedienen.

Aus Selbstsuchenden werden Selbstsüchtige, durchaus im klinischen Sinne von Suchterscheinungen gemeint, die als Abhängige an den Marionettenfäden dieser verschiedenen Industrien hängen.

Die Verquickung radikal-humanistischer Ideen mit dem Konzept der Selbstsuche sind offensichtlich: Die Selbstsuche geht einher mit der Selbstverwirklichung, denn nur, wer nicht in gesundem Kontakt mit sich selbst ist, meint, sich erst verwirklichen zu müssen. Der radikal-humanistische Imperativ des „Sei du selbst" suggeriert, dass eine solche Aufforderung auch nötig sei. Es wird ein Bedürfnis künstlich in die Seelen der Menschen gepflanzt, das erst durch seine Aufforderung überhaupt entsteht. Schauen wir uns Kinder an: Sinnlos, ihnen zu sagen, sie sollten „sie selbst sein". Sie sind es. Implizit, unbewusst, natürlich, ein Schwimmen im Ozean des eigenen Seins. Was geschieht nun, damit Kinder (je älter sie werden) dieses Gefühl zunehmend verlieren? Und wir als Erwachsene das Bedürfnis verspüren, diesen Zustand wieder zu erlangen? Was also geschieht, auf dass eine Vielzahl von spirituellen Traditionen sich dieses ozeanische Schweben zum obersten Ziel auserkoren?

Diese Traditionen sind alt und der Verlust kindlicher Unschuld ein Thema seit Jahrtausenden.

Die spirituelle Suche, die sich als Leitmotiv durch die überlieferten Literaturen zieht, ist keine nach dem eigenen Wesenskern im Sinne des Individualismus. Sie ist vielmehr eine Suche nach dem passenden Platz im größeren Ganzen. Sie ist das Streben nach einer Auflösung des eigenen Seins durch die Harmonisierung von Teil und Ganzem, wobei der Suchende selbst sich einpasst in ein göttliches Gefüge, das ihm die Notwendigkeit individueller Entscheidungen und Sinnsuchen abnimmt. Insofern ist die traditionelle Sinnsuche nicht die nach „sich selbst“, sondern nach der Passung von Ich und Kosmos.

Der Radikale Humanismus verlangt das Gegenteil, indem er vom Einzelnen die totale Entscheidungs- und Gestaltungskompetenz verlangt, eine Überforderung, die entweder größtmögliches Scheitern oder die Tendenz zu kognitiv-affektiver Zerstreuung hervorrufen wird. In den spirituellen Traditionen, bildhaft gesprochen, besteht das Ziel im Aufgehen des Tropfens im Ozean. Der Radikale Humanismus verlangt vom Tropfen, der ganze Ozean zu sein.

11

Die Korruption der Psychoanalyse: Von Ödipus und Elektra

Einige verheerende Entwicklungen entstanden durch die frühe Dominanz der freudianischen Psychoanalyse innerhalb der Psychologie. Obschon Freud mit feinem Instinkt den griechischen Mythos als Referenz für seine Theorien nutzte, orientierte er sich allerdings nicht an ihm. Im Vordergrund stand ihm sein eigenes psychodynamisches organismisches Modell, und Querverweise zum griechischen Mythos blieben rein illustrativ, mehr noch, dienten ihm als unlauter befragte Zeugen zur Beweisführung seiner eigenen Ideen. Das Muster seiner Argumentation unterschied sich kaum von dem heutiger Esoteriker, die meinen, die alten Ägypter müssten Tarotkarten gekannt haben, da ähnliche Bilder in alten Tempeln zu finden seien.

Freud etwa glaubte eine Entwicklungsgesetzmäßigkeit bei männlichen Kindern entdeckt zu haben, nämlich in Konkurrenz zum Vater treten zu müssen und die Mutter zu begehren – ein Phänomen, das besser durch soziale Bedingungen und Vorstellungen von Geschlechtsrollen jener Zeit zu erklären ist – und nannte dieses Muster ‚Ödipuskomplex'. Doch der mythische Ödipus hätte mitnichten seinen Vater getötet und noch weniger seine eigene Mutter geheiratet, hätte er um die Verwandtschaftsverhältnisse gewusst. Im Mythos des Ödipus geht es nicht um ein unbewusstes Triebmuster, das allgemeine Gültigkeit beanspruchт, sondern vielmehr um das Erfahren von tragischen Wirrnissen des Lebens, von deren Schuld der Mensch mangels Kenntnis darüber freigesprochen werden darf. Auch die Parallele des Freud´schen Ödipus- mit dem Elektra-Komplex ist eine falsche. Während Ödipus in eine Situation gerät, in der er sich durchaus psychisch gesund verhält, da er die verwitwete Königin für eine fremde Frau halten muss, ist Elektra sich durchaus ihrer Handlungen bewusst.

Die Macht der Idee des vermeintlichen Ödipuskomplexes

Der sogenannte Ödipuskomplex ist eine Schulderzeugungsmaschine. Zu behaupten, es sei für Jungen Teil des normalen Entwicklungsprozesses, mit der eigenen Mutter schlafen und den Vater töten zu wollen, lässt eine in die Wiege gelegte potentielle Täterschaft eines jeden Jungen entstehen. Mit der Freud´schen Ödipustheorie werden Männer per se schuldig des triebhaften Inzestwunsches und sie werden potentielle Mörder. Ihr Schwanz wird zu einer monströsen gegen jeden Anstand und jede Moral gerichtete und durch den Inzestwunsch auch ekelerregenden Waffe, und ihr wünschender Geist zum Hort nicht ausrottbarer Mordgelüste gegen den Vater. Körper und Geist des Mannes werden also per se kontaminiert mit kaum zu überbietenden Schuldpotentialen. Auch wenn sie dem fast nie nachgingen, wären sie doch immer nur einen Millimeter von der Ausführung entfernt. Ihr moralisches Leben wird mit dem unterstellten Ödipuskomplex zu einem Balanceakt zwischen Mord und Unzucht.

Die Mehrheit der Psychologen und Therapeuten geht heute davon aus, dass der von Freud beschriebene Ödipuskomplex schlicht Unfug ist. „Frühe häusliche Vertrautheit zwischen Personen blockiert erotisches Begehren.“[14] Die Missbräuchlichkeiten, die zwischen Mutter und Sohn dennoch möglich sind, gehen nicht vom Sohn und seinem angeblichen Begehren aus, sondern von einer Vermischung des natürlichen frühen Mutter-Sohn-Bindungsgefühls mit einer erwachsenen erotischen Peer-Beziehung durch die Mutter. Der Sohn als Kind kann kein erotisches Begehren kennen, keine erotische Beziehung zur Mutter aufbauen wollen, da die postpubertäre Initiation in erotische Peerbeziehungen noch in ferner Zukunft liegt. Die Mutter hingegen kennt beides. Sie kann also Verhaltensweisen, die sie aus den Peerbeziehungen kennt, auf die Eltern-Kind-Beziehung übertragen. So etwas ist übrigens immer missbräuchlich und dem Kind gegenüber eine Form von Gewaltanwendung (Alice Miller hat über dieses Thema mehrere Bücher geschrieben, unter anderem „Du sollst nicht merken“). Sex ist immer eine Angelegenheit zwischen Peers. Der Missbrauch und die Gewalt liegen in dem gewaltsamen Prokrustesakt der Mutter, das Kind temporär zu einem Peer zu machen. Das Kind kann die Peer-Ebene zur Mutter aber nicht einnehmen und folgt aufgrund des tiefen Vertrauens der impliziten Verführung der hierarchisch über ihm stehenden (weil erwachsenen) Mutter. Der sexuelle Missbrauch durch eine Mutter ist selten, der psychische Missbrauch jedoch deutlich häufiger.

14. Sloterdijk, Peter: (den Soziologen Edvard Westermarck zusammenfassend in) „Zeilen und Tage“, Frankfurt/M., Suhrkamp, 2012, S. 136. Inzestuöse Beziehungen sind nicht die Regel, sondern die Ausnahme.

Zurück zur gesamtgesellschaftlichen Wirkung des Freud´schen Ödipuskomplexes. Er hat es geschafft, zu einem landläufigen Allgemeinwissen, also zu einem Axiom unter Laien zu werden. Seine impliziten Botschaften durchdringen die allgemeine Sicht auf Männer und auf Frauen. Das angebliche erotische Inzestbegehren des kleinen Sohnes macht nicht nur ihn, seine Körperlichkeit und seinen Geist zu einem potentiellen Täter,[15] sondern auch die Frau (jede Frau ist potentielle Mutter) zu einem potentiellen Opfer.

Es ist natürlich nichts Neues, Menschen in Schuldgefühle zu verstricken, damit sie spuren. Zwei Jahrtausende lang war von Erbsünde die Rede, von der Unmöglichkeit, nicht zu sündigen und dergleichen mehr. Die frühe Psychologie hat diesem Kanon an Schuldinjektionen ein weiteres und äußerst wirksames Gift hinzugefügt.

Schuldige sind gefügig. Nur wenige Schuldige lassen sich ungebrochen stolz mit einem trotzigen Lied auf den Lippen hinrichten. Noch gefügiger aber sind *potentielle* Schuldige. Die Schuld ist zwar in ihnen als Potential bereits angelegt und wirkt im impliziten Selbstkonzept (erzeugt also Gefühle eigener Mangelhaftigkeit und Minderwertigkeit), aber die Übersetzung in konkrete Handlungen steht noch aus. Es könnte also noch schlimmer kommen, und dieses Schlimmere lässt sich vermeiden. Mit diesem frem-

15. Alice Miller weist auf die Schuldverschiebung hin, die durch das psychoanalytische Modell möglich wird: Mit der Annahme eines kindlichen Begehrens (wie im Ödipuskomplex beschrieben) wird das Kind zum Akteur und Initiator sexuellen Missbrauchs erklärt. Miller verweist aber auch auf den starken Verdrängungsmechanismus der Erwachsenen, einschließlich Sigmund Freuds, die somit nur allzu bereit seien, eine solche (eigentlich absurde) Erklärung zu akzeptieren. Miller, Alice: Du sollst nicht merken. Frankfurt/M., Suhrkamp, 1983.

dinduzierten Einstellungsgerüst lassen sich Menschen zu vorauseilendem Gehorsam erziehen.

Frauen hingegen wären nicht minder schuldig, wenn man die Wirkungen der Ödipuskomplex-Idee als einen roten Faden weiter verfolgt. Ihre Schuld bestünde im sich Hineinsinkenlassen in eine ganze Reihe von Opferrollen.

Weibliche Merkmale und Eigenschaften erfuhren in den letzten Jahrzehnten neue Aufmerksamkeit. Machen wir es deutlich: Die Vagina ist heute salonfähig, das meint konkret: medienfähig. Kaum eine große Journaille (von *ZEIT* bis *SPIEGEL*) bringt nicht regelmäßig Kolumnen über die weibliche Sexualität, über ihre Geschlechtsorgane an sich et cetera. Vom Penis weit und breit keine Spur. Ausdruck erotischen Begehrens einer heterosexuellen Frau (und vermutlich sind diese in der Mehrzahl) wäre es, Schwänze zu mögen, nicht anders als bei heterosexuellen Männern, die Vaginen mögen. Doch dieses Mögen findet keinen oder nur selten Ausdruck, weder von Frauen noch von Männern (bei denen es sich immerhin um einen Teil ihres Körpers handelt). Mit der Abwertung der männlichen Geschlechtlichkeit geht zwangsläufig auch eine implizite Abwertung des Gegenstandes (heterosexuellen) weiblichen Begehrens einher. Man könnte von einem Pyrrhus-Sieg des Feminismus sprechen, der, paradoxerweise, von Freuds Ideen vorbereitet und überhaupt möglich wurde.

Es wäre jenseits jeder Ideologie Ausdruck gesunder integrierter Persönlichkeiten, generell keine Körperteile zu tabuisieren. Es kann zwar zu den gesellschaftlichen Umgangsformen gehören, dieses oder jenes Körperteil oder diese oder jene Körperfunktionen in der Öffentlichkeit nicht zu zeigen, doch dieses Verbergen muss nicht einhergehen mit einer Verachtung oder Abwertung der Körperteile oder -funktionen. Vaginen und Penisse sollten also gleichermaßen als Teile der menschlichen Körper geschätzt und geachtet werden. Wenn wir darin ein Missverhältnis feststellen, handelt es sich auch um ein Missverhältnis zwischen den Geschlechtern (im Sinne des englischen *gender*). Die Vagina ist ok, der Penis ist nicht ok – das ist die zu ziehende Schlussfolgerung aus den gegenwärtigen gesellschaftlichen Entwicklungen. Es gibt kaum einen öffentlichen Diskurs über männliche Sexualität, geschweige denn über dessen körperliche Dimensionen, es sei denn, es geht um ein neuerliches Verbrechen, das Männer mit Hilfe ihres Penis angerichtet haben (wie in der Metoo-Debatte). Was Frauen mit ihren Vaginen anrichten können und anrichten, ist kein Thema – mehr noch, es ist ein Tabu. Womit wir wieder beim Freud´schen Ödipuskomplex sind: Selbst eine mögliche sexuelle Komponente zwischen einer (erwachsenen) Mutter und einem Sohn, der noch ein Kleinkind ist, verschiebt die Ursache von der (erwachsenen und sexuell aktiven und aufgeklärten) Mutter hin zum Kind. Das ist nicht anders als diabolisch zu nennen.

Ähnlichen Unfug mit (zumindest damals) ähnlichen Auswirkungen auf die Einstellungen zum Geschlecht der Frauen richtete Freud mit dem Begriff des Penisneides bei Mädchen an.

Ein Mädchen neidet den Jungen nicht den Penis, nicht von sich aus und nicht aus ihrer Natur heraus, wenn sie ein klares Bewusstsein über ihren eigenen Körper und seine Beschaffenheit haben darf. Ein möglicher Penisneid (den sicher einige Mädchen damals und vielleicht sogar heute hatten und haben) ist nur möglich, wenn die Aufmerksamkeit des Mädchens genau auf diesen Sachverhalt gerichtet wird. Erst das Tabuisieren der Vagina erzeugt das (künstliche) Gefühl der Abwesenheit von etwas, das das andere Geschlecht ganz offensichtlich hat.

Im Laufe der Frauenbewegungen überwanden viele Frauen das Gefühl dieses Mangels und erreichten, dass die Vagina auch gesamtgesellschaftlich als etwas Substanzielles, das dem Penis zwar nicht gleicht, aber das substanzielle Komplementär zu ihm ist, wahrgenommen wurde. Der „Penisneid" hatte sich erledigt.

Zu Freuds Zeiten und davor akzeptierte man zwar männliche Sexualität, die sich, heterosexuell definiert, auf Frauen als Objekte ihrer Begierde bezog, kommunizierte aber öffentlich keine nennenswerte weibliche Sexualität, wenn man Sexualität als das Insgesamt von Begierde, Lust und Befriedigung inklusive Orgasmus meint. Freuds Theorien vom Ödipuskomplex bis hin zum Penisneid sind lediglich als zeitgenössische Reaktionen auf die damaligen Einstellungsrealitäten zu verstehen. Sie allerdings zu einer allgemeingültigen Psychologie zu erklären, wäre eine deutliche Überschreitung ihres Gültigkeitsbereiches.

Machteliten jedoch entwickeln ein untrügliches Gespür dafür, was ihnen nützlich ist. Das heißt nicht, dass Herrschaftsverhältnisse alle günstigen Bedingungen aus nüchternem Kalkül einrichten – das wäre eine ziemlich paranoide Sicht – doch sie werden nichts gegen Theorien, Bedingungen oder Einstellungen unternehmen, die ihnen letztlich zu Gute kommen. Anders sieht es mit Einstellungen, Theorien und Paradigmen aus, die ihren Herrschaftsanspruch in Frage stellen könnten. Warum sollte man diese fördern? Unterstützen? Finanziell subventionieren?, wenn sie doch zu nichts nütze sind?

Wem nützt es?, lautet die alte analytische Frage, die sich schon die Römer stellten, wenn es um das Verstehen von undurchsichtigen politischen und systemischen Manövern ging. Wem also nützt die Psychoanalyse? Nicht den Patienten, wie entsprechende Studien zur Wirksamkeit von Psychotherapie gezeigt haben.[16] Wem also? Nun, in erster Linie den Psychoanalytikern und dem ganzen System, das sich um die Psychoanalyse rankt: Ausbildungsinstituten, Klinikbetrieben, dem psychiatrischen und pharmakologischen System. Eine statistisch fast wirkungslose Psychotherapie schafft einen riesigen Markt für psychoaktive Medikamente, die dann richten sollen, was die psychologische Arbeit nicht vermag. Doch der medizinisch-pharmakologische Komplex ist nur der offensichtliche Nutznießer. Auf der systemischen Makroebene profitiert natürlich der von den zerrütteten Identitäten der Menschen lebende neoliberale Kapitalismus. Männer, die sich selbst nicht genügen, sind gehorsame Produzenten und willfährige Konsumenten. Frauen, die sich selbst finden wollen, weil sie davon ausgehen müssen, noch gar nicht gewesen zu sein, ebenso. Und so läuft die Maschine wie geschmiert und gewinnt an Schwungkraft.

Stehen der *Mensch und seine Wirkmacht* im Zentrum aller Dinge, können Unterschiede zwischen Menschen nicht mehr als gottgegeben, als naturbedingt oder als vorgefundene Tatsache interpretiert werden – sie obliegen der Verantwortung des Menschen. Er macht sich schuldig, wenn er

16. Grawe, Klaus: Psychotherapie im Wandel. Göttingen, Hogrefe, 2001.

daran nichts ändert, denn er *kann* es – so der implizite Imperativ des Radikalen Humanismus. Aus Folgerichtigkeiten der Natur, der Evolution, der natürlichen Entwicklungen und Zusammenhänge werden soziale Konstrukte wie Gerechtigkeit, Ungerechtigkeit, Unterdrückung und Herrschaft. Und so erleben wir heute (2018/19), wie sich medial befeuert das eine Geschlecht gegen das andere wendet – aus der Distanz betrachtet eine Absurdität.

Die Psychoanalyse als brauchbares ideologisches Instrument

Die Psychoanalyse als stützende Ideologie war und ist für den Neoliberalismus außerordentlich hilfreich. Diese Hilfestellung wurde möglich durch einen fundamentalen Fehler von Sigmund Freud, der aufgrund seiner Fixierung auf Sexualität der griechischen Antike nur den Eros (und später den Thanatos) als grundlegende Motive des Menschen entnahm, aber den Thymos übersah, den die Griechen durchaus als treibende Kraft erkannten. Doch der Thymos des Menschen ist dem Neoliberalismus keine Hilfe, ganz im Gegenteil.

Die willfährige Kraft aus dem Inventar grundsätzlicher menschlicher Motive, die der entfesselte Kapitalismus zu nutzen weiß, ist der Eros.

Eros als inneres Motiv des Menschen wäre missverstanden, reduzierte man ihn auf rein sexuelle Begierden. Eros meint das allgemeine Begehren, die Lust auf das Neue, die Lust auf das Erobern, das sich Einverleiben, das Sprengen von Grenzen des bisherigen Möglichkeitsraumes. Doch diese Lust findet im gesunden Menschen eine natürliche

Grenze: sein Antagonismus und gleichzeitig Korrektor ist das Bedürfnis nach Stabilität und Sicherheit, die man in Bindungen findet. Eros und Bindung sind die beiden fundamentalen Triebe in uns. Bindung muss hier, genauso wie Eros, in einem erweiterten Sinne gedacht werden. Bindung meint nicht nur die Verbundenheit mit anderen Menschen, mit Familienmitgliedern und Freunden, sondern eine generelle stabile Beziehungsfähigkeit zur Welt an sich. Eine solche stabile Weltbeziehung setzt ein überdauerndes Selbstgefühl, ein Identitätsgefühl voraus. Identität ist ein schwieriges Wort, da es von verschiedenen wissenschaftlichen und auch ideologischen Strömungen mit mannigfaltigen Bedeutungen aufgeladen wurde. Identität bedeutet, zuverlässige Antworten auf die Frage gefunden zu haben, wer man ist, was man zu tun hat, was Aufgabe und was nicht Aufgabe ist, wo eigene Kraftquellen zu finden sind und wo nicht, was Zielstellung sein kann und was eher nicht, was also zu einem selbst passt und was nicht. Diese Passung setzt ein gewisses überdauerndes Gefühl bezüglich des eigenen Soseins voraus, denn ohne dieses passt heute dieses oder jenes und morgen etwas ganz anderes zu uns, und das irrt und verwirrt substanzielle Handlungen und Einstellungen.

Dieses Identitätsgefühl zu bewahren, ist ein natürlicher Trieb in uns, und dieser ist eng verbunden mit dem Trieb nach Bindung und Sicherheit. Den Beginn der Bindungserfahrungen markieren die primären Bindungserfahrungen eines kleinen Kindes zur Mutter, zum Vater, zu stabilen Persönlichkeiten, mit denen man tagtäglich zu tun hat.

Da das Identitätsgefühl sich aber im Laufe des Lebens – da wir uns nacheinander in unterschiedlichen Altersphasen befinden, die unterschiedliche Aufgaben bereitstellen –

wandeln muss, bekommt der Eros in jenen Zeiten Hochkonjunktur, in denen das alte Identitätsgefühl nicht mehr mit den neuen Lebensumständen passend erscheint und sich Einstellungen, Handlungen, Beziehungen neu konfigurieren müssen. In der Pubertät ist der Eros besonders stark. Kein Wunder, denn das alte Identitätsgefühl als Kind findet ein (biologisch definiertes) Ende und neue Beziehungen zu sich selbst und zur Welt müssen errungen werden. Und so gibt es eine Reihe von Lebensphasen, in denen der Eros auf gesunde Weise das Selbst- und damit Identitätsgefühl durch Erfahrungen des Neuen und Unbekannten neu gestaltet. Die erotische Kraft sorgt für Lust daran, sorgt für den Spaß, das Brennen für das Neue. Wenn aber jemand in einer solchen Phase der Umorientierung lediglich das Gefühl des Zwanges zur Veränderung, des Müssens, der schlichten Notwendigkeit spürt, ist es um seinen Eros schlecht bestellt, und diese innere Motiv- und Energiequelle sprudelt nur kläglich. Die starke und zunehmende Nachfrage nach Psychotherapien ist ein Zeichen dafür, dass der Eros bei vielen Menschen entweder zunehmend versiegt ist, das Vertrauen in ihn und seine Wirkmächtigkeit verloren gegangen ist, oder diese Quelle zu schnell und zu oft ausgebeutet worden ist.

Und genau hier kommt die Macht des neoliberalen Kapitalismus ins Spiel: Sein unausgesprochenes Ansinnen ist es, überdauernde Identitätsgefühle gewohnter und tradierter Art im Menschen zu verhindern, oder, wenn schon vorhanden, zu zersetzen. Denn ein verwirrtes Identitätsgefühl aktiviert automatisch das erotische Motiv. Menschen mit dieser Dauererektion des allgemeinen erotischen Motivs nach dem Neuen, nach Neugestaltung, nach Selbstfindung, nach neuen Zielen, neuen Outfits (die besser zu einem passen), neuen Hobbys, neuen Unterhaltungsmöglichkeiten und anderem sind eine geeignete Kundschaft für massenhaften und übertriebenen Konsum.

Das ist eine der zentrale Fragen des Kapitalismus: Wie bekommt man Leute dazu, etwas zu kaufen, auch immer wieder zu kaufen, was sie gar nicht brauchen? Denn gekauft werden muss, sonst ist das Dynamik vom Wachstum der Wirtschaft nicht aufrecht zu erhalten. Wie also? Der Eros als innere Motivkraft muss dauerhaft aktiv bleiben. Da aber dessen Antagonist das stabile Bindungsgefüge zur Lebenswelt und überdauernde Identitätsgefühl ist, muss letzteres möglichst verhindert werden.

Dieses Phänomen lässt sich auf allen gesellschaftlichen Ebenen beobachten: Sexuelle Selbstbestimmung führt zu instabilen Paarbeziehungen, unsichere Arbeitsverhältnisse zu einer Heimatentwurzelung, die globalen Finanz- und Produktionsströme zu einer Auflösung der Bedeutung des Nationengedankens. Nichts wäre gegen einen Internationalismus einzuwenden, wenn dieser zu einem überdauernden Gefühl eines Weltbürgerseins führen würde, doch das ist nicht geschehen, beziehungsweise nur für einige wenige sehr vermögende Leute. Die politische Kraft, die sich zum Vollstrecker des neoliberalen Kapitalismus gemacht hat, vielleicht ohne es zu wollen, ist die internationale und nationale Linke. Die linken politischen Kräfte konzentrierten sich historisch folgerichtig auf Werte der Aufklärung und des Humanismus und merkten nicht, dass genau diese Werte zu einer psychologischen Zersetzung psychischer Stabilitätsfunktionen herangezogen werden können. Es bedarf nur kleiner, unscheinbarer, aber desto bedeutenderer Umformulierungen humanistischer Ideale.

Zum Beispiel kann unausgesprochen aus Gleichwertigkeit eine Gleichartigkeit werden. Ersteres ist humanistisch durch und durch. Egal welchen Geschlechts, welcher Hautfarbe, welcher ethnischen und kulturellen Zugehörigkeit man sein mag, man hat das Recht auf gleiche Wertzuschreibung. Konsequenzen sollte dieser Wert zum Beispiel im Arbeitsmarkt, in der Rechtsprechung und in sozialen Regelungen haben. Wenn sich aber der Begriff der Gleichwertigkeit hin zur Gleichartigkeit verschiebt, haben wir es plötzlich mit einer Reihe von Problemen zu tun. Wollen wir im Sportunterricht die Leistungen der Mädchen mit denen der gleichaltrigen Jungen vergleichen? Das mag ein übertriebenes Beispiel sein, aber in anderen Bereichen passiert genau dies. Die feinmotorischen Fähigkeiten von Jungen werden in den Grundschulen regelmäßig an denen der Mädchen gemessen. Der sexuelle Eros von Männern wird gemessen am sexuellen Eros der Frauen. Die beruflichen Karriereleistungen von Frauen werden gemessen an jenen von Männern, obwohl Männer nicht schwanger werden können. Der Zugang zu höherer Bildung steht zwar allen Menschen offen, aber die soziodemografische Ausgangslage wird als gleichartig (und nicht gleichwertig) behandelt, was zu einem zunehmenden Auseinanderklaffen der sogenannten sozialen Schere führt.

12

Der forcierte Geschlechterkampf

Schwäche und Stärke sind keine realen menschlichen Eigenschaften, sondern Wert- und Urteilskategorien. Mit der Einführung dieser Urteile werden Unterdrückung und Unterwerfung zwischen Menschen möglich. Spricht man von Schwäche und Stärke, muss gefragt werden, welche konkreten Eigenschaften denn nun schwach oder stark seien.

Durchsetzungsvermögen, Aktivität, sich Beweisen, Siegen, Konfrontation werden als stark bewertet. Traditionell schrieb man diese Eigenschaften Männern zu.

Weichheit, Verständnis, Entgegenkommen, Fürsorge galten als schwach, und diese Schwäche wurde traditionell Frauen zugeschrieben.

Wir können heute – gestützt durch eine Vielzahl von psychologischen Befunden – feststellen, dass sich in diesen Urteilen und Zuschreibungen zwei fundamentale Fehler verbergen.

Der erste Fehler liegt in der Wertkategorie. Weichheit ist mitnichten immer schwach, sondern in entsprechenden Umständen sogar außerordentlich effektiv und benötigt für seine konsequente Anwendung mitunter eine große menschliche Stärke.[17] Konfrontation hingegen ist keineswegs immer ein Zeichen von Stärke, sondern kann ein

17. Man denke an die von Gandhi initiierte *Satyagraha*-Bewegung, deren wesentlicher Bestandteil *ahimsa*, die Gewaltlosigkeit, gewesen war.

Resultat psychischer Schwäche sein, etwa wenn Aggressivität als impulsive Reaktion auf angsteinflößende Situationen entsteht.

Der zweite grundsätzliche Fehler liegt in der Zuschreibung dieser Eigenschaften und (fehlerhaften) Wertkategorien zu einem der beiden Geschlechter. Durch Sozialisierung wird ein marginaler Unterschied bei den Geschlechtern bezüglich der Veranlagung zu diesen Kräften (der neuroendokrinologisch bedingt ist) und der sich durch kluge Erziehung, Bildung und Pädagogik leicht nivellieren ließe, künstlich katalysiert. Die Entwicklung folgt einer Schere: Mädchen identifizieren sich mit dem Attribut der Weichheit und Jungs mit dem der Konfrontation – Kräfte, die angeblich männlich oder weiblich, tatsächlich aber allgemein menschlich sind. Weichheit (Verständnis, Versöhnung, Fürsorge) wird damit für viele Jungs während der Sozialisierung zu einem Tabu. Umgekehrt, da Durchsetzung, Konfrontation, Initiative und Aggressivität als männlich gelten, sind diese als stark bewerteten Eigenschaften für Mädchen keine in Frage kommenden Identitätsfaktoren.

Beide Kräfte sind aber fundamentale Kraftkategorien, auf die keines der Geschlechter einen alleinigen Anspruch erheben dürfte. Sie sind allgemeingültig, und wohnen als Potential und Möglichkeit ungeachtet des Geschlechts jedem Menschen inne – so sie zugelassen werden. Als Polaritäten, ähnlich den taoistischen Prinzipien von Yin und Yang, erzeugen sie in einem Menschen das Fließgleichgewicht von Passivität und Aktivität, von Aufnahme und Schöpfung, von Hingabe und Eroberung des Neuen, von Geschehenlassen und Gestalten. Ihr innerer Wandel ist die

Voraussetzungen für eine ausgeglichene und gesunde Persönlichkeit. Schreibt man eine dieser Eigenschaften nur einem der Geschlechter zu, wird damit ein innerpsychisches Ungleichgewicht erzeugt. Ein solches bewirkt innere Unsicherheit und damit eine Außenorientierung der Wahrnehmung: Man sucht nach stabilisierenden Faktoren im Außen. Der Mensch wird manipulierbar.

Was eine Genderdiskussion im idealen Falle erreichen könnte, wäre, dass die Zuschreibungen dieser Kräfte zu einem der beiden Geschlechter aufgehoben werden würden, dass also zum Beispiel *nachgiebig* nicht weiblich und *konfrontativ* nicht männlich assoziiert wird. Ein wünschenswertes Ziel wäre, dass jeder Mensch, egal welchen Geschlechts, sowohl die eine als auch die andere Kraft in sich zu aktivieren weiß, wenn sie angezeigt und den Situationen angemessen ist.

Angesichts von Konflikten würde der Zug der Weichheit eher auf Versöhnung und auf Verständnis setzen, auf Behutsamkeit und Fürsorge. Der Zug der Konfrontation hingegen würde mit Aggressivität und Durchsetzung reagieren. Betrachtet man die gegenwärtigen Probleme der globalisierten Menschenwelt, wäre mehr Einfluss der Kraft der Weichheit wünschenswert. Konfrontation gibt es nicht nur genug – die meisten der derzeitigen Probleme scheinen vielmehr Konsequenzen aus einem Übermaß an aggressiver Konfrontationskraft zu sein.

Die Kraft, die es aber vermutlich braucht, und die das Gegengewicht zu jener Kraft der Konfrontation ist, die der Feminismus in der männlich dominierten Welt zu Recht anklagt, ist die der Weichheit.

Der aktuelle Feminismus macht sich zwar inhaltlich für die Kräfte der Weichheit, der Fürsorge und des Miteinanders stark, wählt aber oft genug die Form der aggressiven Konfrontation.

Das ist nichts weniger als eine vertane Chance.

Es ist ein bemerkenswertes Phänomen, dass der Feminismus heute weite Bereiche der öffentlichen Diskurse in den westlichen Ländern mit fester Hand bestimmt. Wenn seine wesentliche Grundprämisse stimmen würde, nämlich dass Frauen von Männern systematisch unterdrückt würden, müsste dieser Befund anders aussehen.

Solange Begriffe wie *Feminismus* und in diesem Zusammenhang auch *Sexismus* nicht ersetzt werden durch eine allgemeine ethische Haltung des Respekts vor der Würde jedes einzelnen Menschen, bleiben sie Kampfbegriffe.

Nahezu alle auf *-ismus* endenden Worte erzeugen Kommunikationsräume mit klar definierten Grenzen und damit ein „Innen“ und „Außen“, ein „Wir“ und „Die anderen“. Das Ergebnis ist dann Trennung, Separation. Diese Trennungen erhalten praktische Relevanz durch die Entstehung von medialen Echokammern, in sozialen Gruppenzugehörigkeiten und einer Argumentationskultur, die in sich abgeschlossen bleibt.

Es ist oft, und zu Recht, bemängelt worden, dass Männer im Allgemeinen zu Fragen des Feminismus schweigen. Dieses Schweigen wird von Feministinnen oft als stillschweigende Zustimmung oder ein ebensolches Schuldeingeständnis interpretiert. Tatsächlich liegt die männliche Nichtbeteiligung bereits im Terminus des *Femin*ismus begründet. Männer sind nicht Teil dieser Argumentationskammer.

Dank der einseitigen Diskussion (aus der die männliche Perspektive, egal ob sie von Frauen oder Männern vorgebracht werden würde, ausgeschlossen ist) entgeht den Feministinnen eine wesentliche methodische Verzerrung: Allein die Einführung eines Begriffs von Sexismus, der nur in eine Richtung, nicht aber in die andere definiert wird, ist bereits nach ihrer eigenen Definition Sexismus. Dieses argumentative Problem wäre schnell gelöst, wenn beide Geschlechter an der Debatte beteiligt wären.[18]

Weibliche Rollen, tradiert in der Vergangenheit, und teilweise noch heute präsent, mit all den Ungerechtigkeiten gegenüber dem weiblichen Geschlecht, haben aber auch immer ein Pendant in entsprechenden männlichen Rollen. Der Irrtum des radikalen Feminismus besteht, neben der Annahme, dass das Patriarchat von Männern getragen wird und denen zu Gute kommt, auch in der Annahme, dass Männer die Unterdrückenden sind, denn wo Ausbeutung stattfindet, muss ein Ausbeuter vermutet werden. Die Vermutung ist sicher berechtigt, aber sie ist nur eine von mehreren möglichen Erklärungen.

Schaut man sich das Leben von Männern in den letzten Jahrhunderten bis heute an, muss Zweifel an der bevorzugten Rolle von Männern aufkommen. Es ist ein nicht von

18. Der Begriff des Sexismus wird zumeist bezüglich des Körpers, des Materiellen und der arbeits- und haushaltbezogenen Tätigkeitsbereiche diskutiert. In diesen Bereichen findet Sexismus statistisch deutlich mehr gegen Frauen statt als umgekehrt. Zu ergänzen wäre allerdings diese Diskussion um andere (sozial-)psychologische Bereiche, etwa die Ebenen der Emotionalität und Gefühle, der Kommunikation und der Umgangs- und Bestimmungsrechte von Vätern und Müttern bezüglich ihrer Kinder, vor allem in Trennungsfällen. Diese Themen werden zu wenig diskutiert, und würden, wenn das sachlich und empirisch geschähe, ein differenzierteres Bild ergeben.

der Hand zu weisendes Phänomen, dass Männer (auch heute) häufiger krank sind, eine kürzere Lebenserwartung haben, für erschöpfungsbedingte psychische Störungen anfälliger sind und generell schlechter auf die eigene Befindlichkeit achten als Frauen.[19]

Die Rollenverteilungen von Männern und Frauen beruhen vielmehr auf einem allgemeinen Drehbuch, das sich sowohl an das eine wie an das andere Geschlecht richtet. Beide Parteien sind lediglich Ausführende, sind Funktionsparameter und Erfüllungsgehilfen zur Realisierung dieses kollektiven Drehbuchs.

Die frühen Feministinnen nahmen völlig zu Recht die Ausbeutung und Unterdrückung wahr, die Frauen erfuhren, blieben aber blind für die Tatsache, dass es Männern (auf anderen Ebenen) genauso ging.

Männer scheinen die effektiver konditionierten Mitglieder unserer Spezies zu sein; ihre Mitmachbereitschaft in einem gesellschaftlichen System organisierten In-Form-Bringens müsste Pawlow die Tränen in die Augen treiben.

Ich behaupte, dass die massivste Form von Sexismus unter Männern selbst stattfindet. Männer praktizieren Sexismus gegenüber Männern. Männer bestätigen sich Tag für Tag ihre alten Rollen, reaktivieren fortwährend die internalisierten Muster und Verhaltenscodizes und setzen sich damit gegenseitig und innerpsychisch unter Druck.

Die von Männern ausgeübte Gewalt richtet sich in 90% der Fälle gegen Männer und nur zu 10% gegen Frauen.[20]

19. Interessanterweise nivellieren sich diese Unterschiede, wenn man Frauen und Männer, die sich in vergleichbaren beruflichen und familiären Lebensumständen befinden, statistisch vergleicht.

20. Steven Pinker: Gewalt. Frankfurt/M., Fischer-Verlag, 2013.

Sexistisches Verhalten nach außen, vor allem gegenüber Frauen, ist nur das sichtbar gewordene Symptom. Will man diesen gegen Frauen gerichteten Sexismus beenden, muss im Innen begonnen werden, in den Beziehungen der Männer untereinander und in der individuellen Selbstreflexion.

Die Frage ist nur, ob nicht radikal-feministische Frauen damit ganz zufrieden sind. Denn ihre feministische Daseinsberechtigung besteht in einem aufrecht erhaltenen vorzeigbaren Sexismus, der von Männern ausgeht. Die größte Gefahr für den Feminismus liegt in einem Einstellungswandel der Männer. Nichts wäre für sie mehr zu fürchten, als ein Mann, der nicht sexistisch ist. So wird ein prominentes Beispiel für widerlichen Sexismus herausgegriffen und thematisiert, nicht aber die Millionen Männer, die sich nicht sexistisch verhalten. Ganz zu schweigen von dem Sexismus, den Männer unter sich und in sich praktizieren, und der von Frauen gegen Männer praktiziert wird.

Für dieses Dilemma gibt es innerhalb des Feminismus keinen Ausweg. Auch die Etablierung eines Pendants, etwa eines Maskulinismus (der sowohl bei Frauen als auch bei Männern sehr unpopulär wäre), würde lediglich den tiefen Riss zwischen den Geschlechtern in der Gesellschaft nur verstärken.

Manche Feministinnen fordern, man solle und dürfe Feminismus nicht mit Humanismus ersetzen. Nein, nicht ersetzen – aber innerhalb einer ethischen Hierarchie ordnet sich das Engagement für nur eine Gruppe von Menschen den ethischen Prinzipien, die alle Menschen umfassen, zwangsläufig unter. Ohne den Humanismus wäre der Feminismus undenkbar. Er ist eine direkte Ableitung aus den humanistischen Werten, in denen es heißt, dass die Würde eines jeden Menschen unantastbar ist und bleibt. Das Eintreten für gleiche Rechte für alle ergibt sich aus den Ideen der Aufklärung.

Und doch stimmt der Hoheitsanspruch des radikalen Feminismus auf aktuelle Diskurse nachdenklich.

Wenn Männer zu sprechen anfingen (was sie kaum tun, da sie einerseits untereinander zu gut dressiert sind und ihnen andererseits in der Domäne, die geschlechtsbezogene Fragen diskutiert, dem Feminismus, die Berechtigung zu sprechen nicht erteilt wird, jedenfalls nicht, wenn sie eine männliche Perspektive einzubringen versuchen), hätten wir es bald mit der absurden Situation zu tun, dass beide Geschlechter das Leid beklagten, dem sie seit Jahrtausenden ausgesetzt sind. Spätestens da müsste die Schlussfolgerung gezogen werden, dass es sich um ein kollektives Drehbuch handelt, dass Bevölkerungen generell in vorgefertigte Formen zu bringen sucht.

Ob Männer von den herrschenden Verhältnissen profitieren, darf bezweifelt werden, wenn man sich allein die jüngere europäische Geschichte betrachtet.

Die männlichen Einzelschicksale in ihrer Summe, vollgepumpt mit Pervitin (heute als Crystal Meth bekannt), in stickigen Panzern, Kleinst-U-Booten, Bombern oder zu Fuß, immer die Möglichkeit des Todes vor Augen und den Tod bringend, zeugen nicht von einer Bevorteilung des männlichen Geschlechts an sich. Zu sprechen wäre von den Kriegsgefangenenlagern in allen europäischen Ländern und in der Sowjetunion, die Gefangenen nicht wissend, ob die Liebste zu Hause noch die Liebste ist oder ob ihr Kind während jenes Fronturlaubs gezeugt wurde. Zu sprechen wäre über die endlos langen Märsche über die kalte

Erde Polens und Russlands. Über die Qualen des Entzugs nach dem Krieg von den Crystal-Pillen, die Müdigkeit, den Hunger. Den Tod des Kameraden, die schwere Verwundung des anderen.

Vom männlichen Profitieren sogenannter patriarchaler Verhältnisse zu sprechen, wirkt schlicht grotesk angesichts der Bilder in Kolonnen marschierender junger Männer, die als Kanonenfutter in den Tod und ins Elend geschickt wurden.[21]

Es ist aus psychologischer Sicht unsinnig, diesen Menschen den Vorwurf zu machen, die NS-Zeit nicht in aller politisch korrekten Tiefe aufgearbeitet zu haben. Traumatisierung folgt ihren eigenen Regeln und Bewältigungsmöglichkeiten, Verdrängung ist eine davon. Nein, die Aufarbeitung ist Aufgabe der ihnen nachfolgenden Generationen, und sie darf auch nicht nur in der Analyse der Verfehlungen unserer Vorfahren bestehen. Mitgefühl und Einfühlungsvermögen sind nötig – wir müssen unser Herz öffnen, uns wahrnehmungsfähig machen. Das Motiv sollte nicht Trennung durch Ablehnung, sondern Erweiterung des fühlenden Bewusstseins sein.

Die Traumata des Krieges setzten sich fort, wurden von Männern wie Frauen an ihre Kinder durch Erziehung, Wertevermittlung und implizite Kommunikationen weitergetragen. Was da geschah, ist nicht ein Unrecht gegenüber einem Geschlecht, sondern gegenüber den Bevölkerungen fast ganz Europas.

21. Auch in Friedenszeiten sahen die Lebensumstände eines großen Teils von Männern (und Frauen) dank der rasch wachsenden Industrialisierung nicht viel besser aus.

Der Feminismus erweist sich als eine unredlich arbeitende Geisteswissenschaft, wenn er sich ausschließlich Phänomene herausgreift, anhand derer Unterdrückung von Frauen nachweisbar sind. Ja, diese Phänomene gibt es, und sie müssen auch thematisiert werden. Doch eine solche Auseinandersetzung muss, wenn sie Lösungen hervorbringen möchte und sich den wissenschaftlichen Kriterien von Objektivität, Reliabilität und Validität unterwirft, sowohl die ganzen Wirkzusammenhänge sehen, als auch falsifikationsfähig sein. Wirft man einen distanzierteren Blick auf die großen Zusammenhänge, erweisen sich die Gesellschaftsverhältnisse des letzten und vorletzten Jahrhunderts als solche, die mit strengen Dressuren sowohl Männer als auch Frauen in feste soziale Rollen hineinformten. Ob Männer oder Frauen davon profitierten, ist die falsche Fragestellung. Profitiert haben finanzstarke Machteliten, die nach den Kriegen noch reicher und noch einflussreicher wurden. Aus diesem Grund ist es um so wichtiger, dass Männer beginnen, über ihre Dressuren zu sprechen. Nicht aber, um den Feministinnen etwas entgegen zu setzen, sondern um den Diskurs zu vervollständigen. Erst dieses Gesamtbild würde die tatsächlichen Verhältnisse offenbaren.

Besinne man sich auf die allgemeineren Werte des Humanismus (aus denen per se gleiche Rechte für alle Menschen unabhängig von Geschlecht und anderen Eigenschaften ableitbar sind), böte sich als Lösung eine Versöhnung der Geschlechter an, die darauf gründet, nicht die Lebensbedingungen *eines* Geschlechts zum Hauptthema zu machen, sondern die Lebensbedingungen des Menschen an sich, wobei das Geschlecht nur eines von vielen Faktoren sein würde. Nicht die Ungerechtigkeiten von Männern gegenüber Frauen wären dann Thema, auch nicht die von Frauen gegenüber Männern, sondern die basale Struktur des etablierten konditionierten Drehbuchs, in dem Männer wie Frauen ihre vorgefertigten Rollen zu spielen haben. Dieses Drehbuch gelte es darauf zu untersuchen, ob es für die moderne Zeit noch tauglich ist, ob wir damit einverstanden sind und wo es systematische Ungerechtigkeiten und Gefährdungen gibt. Wir (egal welchen Geschlechts) müssten in einen streitfreudigen Diskurs darüber treten, wie wir insgesamt leben wollen.

Wer die Macht im öffentlichen Debattenraum hat, ist an der Präsenz seiner Hervorbringungen zu erkennen. Wer machtlos ist, muss schweigen. Männer schweigen, Feministinnen bestimmen die Diskurse, jedenfalls die Diskurse, die für sie von Vorteil sind, die anderen ignorieren sie. Vergessen wir dabei aber nicht, dass der Feminismus sprechen kann, weil er sprechen darf. Der Radikale Humanismus und die neoliberalen Mächtigen erteilen dem Feminismus ausdrücklich die Berechtigung und die Erlaubnis, mit lauter (medialer) Stimme zu sprechen. Andernfalls bekämen wir nichts dergleichen zu Gehör.

Das Ziel des Radikalen Humanismus als ideologisches Torpedo der neoliberalen Kräfte liegt allerdings weniger im Herstellen von wohlwollendem Miteinander der Geschlechter, sondern in erster Linie in der Zerschlagung der tradierten Rollen. In diesem Punkt decken sich die Absichten von männlichen wie weiblichen Menschenrechtlern und Neoliberalen und gehen eine fragile Allianz ein. Doch das fernere Ziel der neoliberalen Kräfte ist nicht das Erreichen eines Gleichberechtigungs-Status-Quo, sondern die Etablierung einer generellen Homogenität so vieler

Menschen wie nur möglich, sofern sie als Kunden und damit als Erhalter des neoliberalen Wirtschaftssystems von Nutzen sein können. Menschenrechtler müssen diesen Scheidepunkt erkennen und zum rechten Zeitpunkt die dann unheilvolle Allianz aufkündigen, wollen sie nicht willfährige Helfer der neoliberalen Kräfte werden.

Was auf *-ismus* endet, will sich institutionalisieren. *Ismen* fordern ihr Dasein über die Zeit und auch über ihre selbstgesteckten Ziele hinaus. Dies zeigte die Erfahrung mit dem sogenannten Sozialismus, und so könnte es auch im Falle des Feminismus geschehen.

Man achte auf die Sprache: Männer seien privilegiert, behaupten einige Feministinnen. Wenn aber von Privilegien die Rede ist, meint man verbriefte (gesetzliche) Vorrechte. Das Privileg des Bundespräsidenten ist es, auf Staatskosten in einer Limousine gefahren zu werden, ein Privileg, das ich per Gesetz nicht habe. In vielen Ländern der Erde haben Männer in diesem Sinne Privilegien, aber nicht in Deutschland und auch nicht in den meisten anderen europäischen Staaten. Wenn Männer hier in einigen Bereichen Vorteile haben, liegt das nicht an deren verbrieften Rechten, sondern an impliziten Traditionen und Einstellungen. Der Begriff „Privileg“ ist hier ein Kampfbegriff, der geltendes Recht leugnet. Frauen haben tatsächlich exakt die gleichen Rechte in Deutschland wie Männer. Ob diese Rechte umgesetzt werden, ist eine ganz andere Frage und eine andere Problematik. Es kann also nicht um die Abschaffung von Privilegien gehen (da sie als Gesetze nicht vorhanden sind), sondern um die Durchsetzung bereits geltenden Rechts für alle Menschen, egal welchen Geschlechts[22].

Die Abschaffung eines vermeintlichen und rechtlich nicht vorhandenen Privilegs einer Bevölkerungsgruppe erzeugt automatisch ein Privileg für die andere Gruppe. Somit ist vielmehr von Privilegien der Frauen zu sprechen, etwa in Form von Quoten, Gleichstellungseinrichtungen, Schutzinstitutionen et cetera. Diese Privilegien sind real, sie sind verbrieftes Gesetz, und damit juristisches Vorrecht.

Ein vorsichtiger Blick in die Zukunft wirft jedoch die Frage auf, wie einst mit diesen Privilegien verfahren wird, wenn sie ihren Ursprungszweck erfüllt haben. Werden Feministinnen auf diese dann verzichten?

Erotik und Sexualität

Eine Betonung der Unterschiede erzeugt Trennung. Damit verliert man aus dem Blick, was gemeinsam und höchstwahrscheinlich auch bedeutsamer ist.

Die Unterdrückung der Sexualität der Frau erzeugte zwangsläufig auch Unkenntnis über diese – etwas, das nicht nur Frauen, sondern natürlich auch Männern schadete. Eine unterdrückte Sexualität der Frau ließ zwangsläufig auch die Sexualität des Mannes nur an der Oberfläche zu. In Bezug zu Heterosexuellen ist Sexualität als etwas zu verstehen, das beide Geschlechter umfasst, wie zwei Seiten

22. Vgl. Flaßpöhler, Svenja: Die potente Frau. Für eine neue neue Weiblichkeit. Ullstein, 2018. Flaßpöhler argumentiert unter anderem, dass der Begriff Patriarchat nur dann sinnvoll sei, wenn gesetzliche Strukturen eine Herrschaft von Männern über Frauen legitimieren. Das sei heute in Deutschland nicht mehr der Fall, und so könne man nicht von einer patriarchalen Gesellschaft sprechen.

einer Medaille. Sie wird überhaupt erst erzeugt durch das resonante Miteinander beider. Wird eine der beiden Seiten kulturell unterdrückt oder verschwiegen oder abgewertet, leidet die Sexualität generell – für beide Geschlechter. Schon deshalb ist für ein Miteinander zu plädieren, nicht für ein Gegeneinander.

Entgegen allen Reden von „sexueller Befreiung" haftet vielen Strömungen des Feminismus etwas Prüdes, Körperfeindliches und damit auch Sexfeindliches an. Der feministische Diskurs über Körper und Sex ist reduziert auf ideologisch sorgfältig ausgewählte Phänomene fast ausschließlich weiblicher Sexualität. Wenn überhaupt finden darin männliche Aspekte nur dann Erwähnung, wenn es um die Ungeheuerlichkeiten geht, die ein Mann mit Hilfe seines Schwanzes anrichten kann. Männer sind damit gehalten, den Schritt von der nur potentiellen Täterschaft zu einer aktiven Tat zu vermeiden. Die männliche Sexualität ist durch ihren Ausschluss aus dem Diskurs aus dem gesellschaftlichen Wahrnehmungsfeld verschwunden. Sie versinkt in einem diskursiven Nebel und wird, da auch Männer darüber schweigen, und der öffentliche sexuelle Diskurs in weiten Teilen vom Feminismus bestimmt wird, bestenfalls künftig als mysteriös gelten – eine Umkehrung der Verhältnisse der letzten Jahrhunderte, in der die weibliche Sexualität ein verschwiegenes untergründiges Geheimnis gewesen war.

Nähme man Michel Foucaults Gegenüberstellung von ars erotica und *scientia sexualis*[23] zur Grundlage, folgt der feministische Diskurs der männlich und christlich domi-

23. Foucault, Michel: Sexualität und Wahrheit. Bd. 1, Der Wille zum Wissen. Suhrkamp, 1987.

nierten Tradition der *scientia sexualis*. Ohne es zu merken, wird der feministische sexuelle Diskurs zu einer Fortführung jener Tendenzen, aus denen sich die frühen sexuellen Befreiungsbewegungen hatten lösen wollen.

Die unterdrückte und gesellschaftlich verschwiegene oder als unanständig deklarierte Sexualität eines Geschlechts führt zwangsläufig auch zu einer Oberflächlichkeit der Sexualität des anderen Geschlechts. Durch diese Asymmetrien kann keine *ars erotica*, wie Foucault es nannte, entstehen, sondern bestenfalls ein nur vom Trieb gesteuerter Pflichtakt. Um die ganze Weite erotischer Möglichkeiten zu erkunden und für sich oder ein Paar zu erobern, müssen beide Geschlechter in aller Offenheit beteiligt sein. Was andernfalls übrig bleibt, ist ein distanziertes Interesse an Sex, das jede persönliche Beteiligung vermeidet, ein Interesse, das sich nur als *scientia sexualis* wissenschaftlich oder in einem einseitigen Diskurs äußern kann. Wir kennen ersteres von der Trieblehre Sigmund Freuds und von all den abstrusen sogenannten wissenschaftlichen Theorien über die Sexualität der Frau aus den letzten Jahrhunderten.

Zur Zeit können wir ein ähnliches Phänomen beobachten: Heute ist es allerdings keine wissenschaftlich verkleidete Beschäftigung mit Erotik, sondern ein von Feministinnen dominiertes Feuilleton, das aus persönlichen Einzelfällen Generalisierungen erzeugt, und damit meinungsbildend für Männer wie Frauen, hauptsächlich aber Frauen, wirken will. Doch Feuilleton ist in erster Linie Meinung, nicht Analyse, nicht philosophische Betrachtung, schon gar nicht Wissenschaft (also auch keine *scientia sexua-*

lis), sondern ein von Affekten bestimmter *feuilleton sexuelle.*[24]

Die *ars erotica* besteht nicht so sehr im athletischen Durchexerzieren des Kamasutra, sondern vielmehr in der Kunst der Aufrechterhaltung einer Sublimierung, also einer erotischen Überhöhung der Körper, einschließlich der Vaginen und Penisse der Geliebten. Eine Vagina oder ein Penis an einem x-beliebigen, für uns nicht erotisch interessanten Menschen sind lediglich Organe, die, wie Slavoj Žižek schreibt, vielleicht „nach Schweiß und Urin riechen", keineswegs aber sexuell antörnen, wie wahrscheinlich jeder Frauenarzt und jede Urologin bestätigen können. Die erotische Aufladung (und deren Beibehaltung) der intimen Organe des geliebten Menschen ist die eigentliche Kunst der Erotik.

Sexualisierung ist hier, wie Žižek feststellt, die eigentliche Sublimierung, nämlich der durchaus nicht immer attraktiv wirkenden Geschlechtsorgane zu Objekten des Begehrens.[25]

Wenn wir Žižek und Lacan folgen, ist Sex bereits eine Form von Sublimierung, nämlich die sexuelle Aufladung von Geschlechtsmerkmalen, die ohne das Begehren recht unattraktiv oder für die Wahrnehmung des Gegenübers zumindest gleichgültig wären. Žižek meint, und folgt damit Lacan, die sexuelle Aufladung von körperlichen Merkmalen sei per se bereits eine Sublimierung. In diesem Denken wäre die Freudsche „Sublimierung" dann lediglich eine Art Vermeidung.

24. Feuilleton bedeutet im Französischen eigentlich Fortsetzungsroman (in Zeitschriften) oder auch Seifenoper.

25. Žižek, Slavoj: Der Mut zur Hoffnungslosigkeit. Fischer, 2017.

Den Eros (im altgriechischen Sinne) in das Feld der *political correctness* zu ziehen, ist an sich ein Ding der Unmöglichkeit. Eros, das ist seine Natur, ist ein Sprung ins Unbekannte, alles kann passieren, Freude, Lust, Scham, Enttäuschung, Schmerz. Eros ist per se das Sprengen der Grenzen des Routinierten. Wird der Eros aus dem Intimraum der Menschen und auch aus dem mysteriösen Raum des Unwägbaren, dessen Wände fluktuieren und unerwartet verschwimmen, gezogen, verliert er seine wesentlichen Eigenschaften und wird entweder zu etwas völlig Unerotischem, wie in der *scientia sexualis*, oder aber der Akt des Explizitmachens (etwa durch Einverständnisverträge) selbst wird zu einem Fetisch, der sexuell aufgeladen wird (oder abtörnt, und damit wieder zu einem Teil der *scientia sexualis* wird).

Seitdem es historische Aufzeichnungen über gesellschaftliche Verhältnisse in Kulturen gibt, wissen wir um das Anliegen einer jeden Gesellschaft, die Sexualität der Menschen in irgendeiner Weise zu kontrollieren. Diese Kontrolle führt bei vielen Menschen zur Deformierung sexuellen Ausdrucks und zur Unterdrückung erotischen Empfindens, so es sich nicht nach den vorgegebenen Ritualen richtet. Die Folge ist eine fragmentierte Persönlichkeit, da der Sexus als wesentlicher Bestandteil nicht hinreichend in das Gesamtselbst integriert werden kann.

Der von den Traditionen und Sitten geforderte Machtanspruch auf das Geschlechtsteil des jeweils anderen erzeugt manipulierbare, weil fragmentierte, unvollständige Persönlichkeiten, und damit auch entscheidungsunfähige Menschen.

Prägnantestes Beispiel ist das Verbot des Geschlechtsverkehrs vor der Ehe in vielen Kulturen, ein Verbot, das hauptsächlich Frauen betraf.

Vor diesen historischen Hintergründen sollte es nicht verwundern, dass auch heute Sexualität durch öffentliche Diskurse, die über Anstand und ideologische Richtigkeit zu bestimmen suchen, reglementiert wird. Vom Verbot des Sexes vor der Ehe ist natürlich keine Rede mehr. Ebenso konnten sich viele Formen von Sexualität, zumindest in liberalen westlichen Gesellschaften, mehr oder minder von ihrer Unterdrückung und ihren Verboten und strafrechtlichen Verfolgungen befreien, so zum Beispiel die Homosexualität. Nichts desto trotz kann von einer generellen sexuellen Befreiung keine Rede sein, solange nur eine Perspektive an dem öffentlichen Diskurs beteiligt ist.

Solange durch Reglementierung von Sexualität sexuelle Frustration bei einem der Geschlechter (und in der Folge dessen bei beiden) herrscht, wird es Nischen geben, die diese Frustrationen beantworten. Solange es die sexualisierte Institution der Ehe gibt, solange Sexualität gesellschaftlich reguliert wird, und solange eines der beiden Geschlechter über die Sexualität des jeweils anderen zu bestimmen sucht, wird es Phänomene wie Prostitution und Pornografie geben.[26] Die heutige Akzeptanz von leicht verfügbarer Pornografie ist keineswegs ein Anzeichen von befreiter Sexualität, sondern vielmehr deutliches Indiz für psychisch und körperlich eingesperrte Sexualität.

26. Vgl. Stephanie, Ilan: Lieb und teuer. Was ich im Puff über das Leben gelernt habe. Ecowin-Verlag, 2018.

Sexuelle Frustration löst Begehren aus und bündelt Aufmerksamkeitsressourcen. Sowohl Trieb als auch Instinkt drängen nach Einlösung. Die Persönlichkeiten bleiben fragmentiert, damit unsicher und in Selbstwahrnehmung und Selbstvertrauen irritiert. Die Folge ist leichte Manipulierbarkeit. Kraftressourcen, die zur Veränderung gesellschaftlicher Missstände notwendig wären, sind bereits anderweitig fokussiert und trüben den Blick für die großen Zusammenhänge. Das Volk bleibt in der Spur.

Alte und neue Normativitäten

Das radikal-humanistische Versprechen, ganz nach seiner Façon glücklich und ganz man selbst sein zu dürfen, führt auch hier aus dem Hintergrund die Regie und erzeugt die Paradoxa, die ihm zwangsläufig innewohnen. Wird man ganz man selbst, und nur man selbst, wird man zu einer Chimäre, einem Wesen einzigartigen Typs, das keinen zweiten seiner Art finden kann, da es keinen gibt.

Individualität, wie wichtig und erstrebenswert sie ist, erhält erst in dem Maße ihren Wert, wie sie in der Lage ist, sich in das Miteinander eines größeren sozialen Miteinanders zu integrieren. Aus einem diffusen unbewussten Wir wird erst ein Ich, das sich daraufhin wieder, nun bewusst, in einem Wir aufzulösen weiß.

Das Anliegen des Feminismus ist in seinem Kern richtig und dessen Einlösung längst überfällig. Seine Methodik aber läuft Gefahr, die gleichen Irrtümer in umgekehrtem Verhältnis zu wiederholen, die zu beseitigen er einst antrat. Aus einer natürlichen Polarität der Geschlechter, deren

Eigenschaften jeder Mensch in sich trägt, wird wieder Dualität und Dichotomie.

Das kognitive Potential einer Vielzahl von Akademikerinnen, die das andere Geschlecht zum Feindbild und sich selbst zum Opfer erklären, die über Binnen-„I"s und darüber, ob man auch männliche Professoren als „Professorinnen" in amtlichen Schreiben anzureden habe, nachdenken, steht damit für andere Themen kaum noch zur Verfügung. Was ebenso dringend zu sehen und zu verhandeln wäre, bleibt damit ungesehen und undiskutiert. Beispiele dafür gibt es leider zuhauf. Die Legitimierung der Behörden, ohne Wissen der Benutzer deren digitale Geräte mithilfe eines sogenannten „Staatstrojaners" auszuspionieren, ist ein solches. Die Verabschiedung des entsprechenden Gesetzes ging in dem allgemeinen medialen Fokus auf das Gesetz der „Ehe für alle", das etwa zeitgleich im deutschen Bundestag bestätigt wurde, unter.

Der Radikale Humanismus im Dienste des Neoliberalismus hat zwar ein starkes Interesse daran, überkommene Traditionen und etablierte Normativitäten, etwa bezüglich der Geschlechtsrollen, aufzulösen – mit durchaus wohltuenden Wirkungen, und das Streben nach Gleichberechtigung der Geschlechter ist eine davon – gleichzeitig aber die Menschen wiederum in eine neue Normativität, und zwar eine nach den Vorstellungen finanzstarker und gestaltungsfroher neoliberaler Kräfte, zu zwingen. Für die neue Normativität muss die alte weichen. In vielen Bereichen kann uns das nur willkommen sein: Die neoliberale Doktrin wird zum Unterstützer des Kampfes gegen Rassismus, Nationalismus, den Mangel an gleichen Rechten zwischen den Geschlechtern, zum Unterstützer von Homosexuellen,

Transgendermenschen und Geschlechtsentwürfen individuellen Typs. Kurz, alles, was nach alter Normativität riecht und seiner rasanten Ausbreitung im Wege steht, ist der Feind des westlichen Neoliberalismus.[27]

Nur darf dabei nicht vergessen werden, dass hinter dem Kampf gegen alte (in vielen Fällen unterdrückende) Normativitäten das Motiv der Etablierung einer neuen Normativität steht, die in ihrer Konsequenz mit den Idealen der Aufklärung gar nichts mehr zu tun hat.

Die Normierung sozialer Konnektivität über digitale *social media*, deren programmierte Struktur die Kommunikation der Menschen in ihre gewünschte Form bringt, die Normierung von Partnersuche über Dating- und Kontakt-Apps, die mit rationalen Algorithmen die Passung zwischen zwei Menschen berechnen, das *Internet of things,* das Konsumverhalten und Alltagsverrichtungen in eine von Programmen geregelte Form bringt, die Entkörperungen durch die Digitalisierung von Partnersuche, von sexuellen Objekten, von Wissensaneignung, Navigation, Kommunikation, Aufmerksamkeit und Konzentration und vielem mehr, droht einen völlig homogenen Menschen hervorzubringen – das Gegenteil des in der Aufklärung postulierten und vorausgesagten Individuums. Dieses Paradoxon durchdringt den Radikalen Humanismus und macht ihn zu einer Büchse der Pandora.

Was anfänglich nach Förderung von Individualismus und damit nach einer Befreiung von einengenden tradierten Normen aussah, entpuppt sich als eine Strategie, eine globalisierte Menschheit zu einer homogenen Masse zu for-

27. Für andere Machtsphären, etwa Russlands oder Chinas, treffen diese Überlegungen nicht zu. Sie beschränken sich auf die neoliberale Ausrichtung der sogenannten westlichen Welt Europas und Nordamerikas.

men, die sich den Utopien oder Dystopien neoliberaler Machteliten zu fügen hat. Eine „schöne neue Welt" im Sinne Huxleys droht, wenn auch die letzten Elemente aus der radikal-humanistischen Pandora-Büchse entfesselt werden.

Und doch ist es möglich, dass der radikal-humanistische Neoliberalismus, mit Mephistos Worten, der Geist ist, der stets das Böse will und stets das Gute schafft. Aus Machtkalkül und Größenwahn transportiert er doch humanistische Ideale, war oder ist in der Lage, unhaltbare Ungerechtigkeiten zumindest aufzuweichen, Ungleichheiten der wahrgenommenen Wertigkeiten von Menschen zu nivellieren und von tatsächlich wirkmächtiger Seite Geschütze gegen Rassismus, Antisemitismus, Sexismus, Nationalismus aufzufahren.

13

Zur Lage der Linken

Die Arbeiterbewegung und damit auch das ideologische Fundament des Sozialismus, verhieß die Aufwertung des Arbeiters, und somit sind die Forderungen der traditionellen Linken immer von einer Aufwertung der Arbeit an sich gekennzeichnet, und zwar jener Art von Arbeit, die für die historische Arbeiterklasse typisch war.

Es wird immer ein konservatives Beharren auf den Traditionen der Arbeit in der Sozialdemokratie geben: die Zeittaktung, das frühe automatisierte Aufstehen, das automatisierte Leben in der tagtäglichen Wiederholung, das Eingliedern in irgendeine Art von Produktionsprozess und die Ablehnung eigensinniger Lebensentwürfe.

Wer sich der traditionellen Linken anschließt, die ihre Tradition in der Arbeiterklasse sieht, wird also immer auch für Unterdrückung und Ausbeutung eintreten – ob man das merkt oder nicht. Ein Blick auf das konkrete Handeln der politischen Linken, vor allem der heutigen Sozialdemokraten, beweist das auf geradezu zynische Weise.

Um den ideologischen Kern der marxistisch-sozialistischen Doktrin freizuschälen, werfen wir einen Blick in eine Zeit, in der diese unverfälscht und unverblümt ausgesprochen beziehungsweise aufgeschrieben werden konnte.

Winfried Hacker war einer der führenden Arbeitspsychologen der DDR und Entwickler der in der Fachwelt etablierten „Handlungsregulationstheorie“. Sein 1973 erstmals erschienenes Lehrbuch *Allgemeine Arbeits- und Ingenieurpsychologie* galt als Standard.

Dessen sozialistische Psychologie der Arbeit kann aus ihrer Perspektive behaupten: „Alle psychischen Prozesse treten in der Wirklichkeit nur auf als ‚Seiten‘ in Tätigkeiten; außerhalb von Tätigkeiten gibt es keine psychischen Erscheinungen.“

Zwar bezieht sich der Begriff der „Tätigkeit“ nicht nur auf Arbeit, aber der folgende Satz von Hacker lautet: „Die Arbeit stellt die Hauptbedingung der Entwicklung psychischer Erscheinungen dar.“[28] Arbeit wurde dort verstanden als Tätigkeit innerhalb von Produktionsprozessen – freie, selbstgewählte und selbstgesteuerte Tätigkeiten, etwa die von Selbstständigen, Künstlern und anderen, wurden geduldet, fanden aber nur selten gesellschaftliche Achtung.

Auch heute ist die Linke als Nachfolgerin der Arbeiterbewegung zutiefst von einem puritanischen Arbeitsverständnis durchdrungen. Es ist ihr bis heute nicht gelungen, den puritanischen Dressurakt von Generationen von Arbeitern zu durchschauen, geschweige denn zu durchbrechen. Die Linke ist damit – entgegen landläufiger Meinung – eine zutiefst konservative Kraft. Ihr Anliegen ist nicht etwa Befreiung von der Dressur zum gehorsamen Arbeiter (oder Angestellten, die historischen Nachfolger der Arbeiterklasse, diesbezüglich gibt es heute kaum einen strukturellen Unterschied, da sich die Lebensbedingungen mittlerweile, durch die Erfolge der Arbeiterbewegung, angeglichen haben), sondern ganz im Gegenteil dessen

28. Hacker, Winfried: Allgemeine Arbeits- und Ingenieurpsychologie. Berlin, VEB Deutscher Verlag der Wissenschaften, 1973, S. 60.

Aufrechterhaltung und der unendliche Kampf um graduelle Verbesserungen der Bedingungen für ihr Klientel.

Das ursprüngliche und bis heute erhaltene Glaubensbekenntnis der Linken lautet, dass Lohnarbeit Ausbeutung sei. Doch nicht diese zu beenden, sondern für die Verbesserung der Bedingungen jener Entlohnten zu kämpfen traten sie an. So erklären sich ihre Wahlsprüche auch heute noch: Mehr Arbeitsplätze! Arbeitsplätze sichern! Heute kämpft die Linke für die Erhaltung des Prinzips Lohnarbeit. Nichts wäre für sie verheerender als die Erosion der Lohnarbeit. Wenn sie ruft: Arbeitsplätze sichern!, ruft sie eigentlich: Ausbeutung sichern!, und: Die Linke sichern! Unterstützung von Ideen wie die eines bedingungslosen Grundeinkommens darf von ihr nicht erwartet werden.

So wird die unheilvolle Verbindung zwischen Neoliberalismus und der Linken spätestens seit Schröder, Blair und Clinton klarer: Beide haben ein Interesse am Erhalt des Prinzips Ausbeutung von Arbeitskraft.

Interessanterweise aber hatten auch die sozialistischen Regimes ein deutliches Interesse am Weiterbestehen von zwangsweisen Beschäftigungsverhältnissen. Nur leider nicht im Sinne des Auflösens der strukturierten Lohnarbeit, sondern vielmehr in ihrer Intensivierung, mehr noch: in ihrer vollkommen offengelegten Form. Das Arbeitsverhältnis wurde (statt es als Ausbeutung der unteren Klassen aufzulösen) einfach zum höchsten Prinzip erklärt, und alles ging weiter.

Die feindliche Übernahme der Linken durch den Neoliberalismus ist der größte und folgenschwerste Coup des letzten Jahrhunderts.

Wäre die Linke eine ernstzunehmende Gefahr für die derzeitigen Herrschaftsverhältnisse, die man heute unter dem recht allgemeinen Begriff ‚Neoliberalismus' zusammenfasst, hätte man sie bereits ausgeschaltet. Das aber ist aus zwei Gründen nicht notwendig.

Beide Gründe sind miteinander eng verwoben.

Erstens nimmt der Anteil der klassischen Arbeiterklasse an der Gesamtheit der Erwerbstätigen in den westlichen Ländern stetig ab. Somit erklärt sich auch zum Teil der Wählerschwund jener Partei, die für sich gern das historische Erbe der Vertretung der Arbeiterklasse in Anspruch nimmt, der SPD.

Zweitens hat sich die traditionelle Linke in ihrer Manifestation als Sozialdemokratische Partei zu einem willfährigen Helfer eben jener gemacht, die sie selbst in ihren Gründungszeiten als „Ausbeuter" bezeichnete, als das „Kapital" und damit verbunden als die „Unternehmerschaft". War ihnen Karl Marx einmal der visionäre Revolutionär, der mit brillanter Analyse die frühkapitalistischen Verhältnisse offenlegte und eine utopische Veränderung dieser forderte, gilt der Trierer den traditionellen Linken heute bestenfalls als Analytiker einer festgefügten Weltordnung, die man – ganz realohaft – akzeptieren müsse.

Doch wie sieht nun die Willfährigkeit der Linken im Einzelnen aus?

Um diese zu verstehen, müssen wir uns vorerst einer ganz anderen Entwicklung zuwenden: der vom Humanismus getragenen Aufklärung.

Die Ideale des Humanismus sind, kurz gesagt, das Primat des Menschen mit seinen individuellen Eigenschaften, Veranlagungen, Wünschen und Werten, und zwar vor externalisierten schicksalsträchtigen Mächten, etwa Göttern oder Gott, „Rasse“ oder Geschlecht. Durch das Primat des Menschen verloren wiederum andere Instanzen an Bedeutung, etwa die Identifizierung mit einer Gemeinschaft, seien es ganz archaisch Stämme oder später Nationen. Doch, wie ein spanisches Sprichwort sagt, der Teufel wohnt hinter dem Altar, und die Ideale des Humanismus wurden recht bald von den Herrschenden als durchaus nutzbringend erkannt.

Drastisch formuliert: Solange ein Mensch an seiner Individualität arbeitet, und sich deshalb eben nicht mit Schicksalsgenossen, zum Beispiel anderen Arbeitern, identifiziert, sich also nicht vordergründig als Angehöriger der Arbeiterklasse versteht, besteht auch eine deutlich geringere Gefahr, dass die Arbeiterschaft sich wirkmächtig vernetzt.

Der Humanismus ist für die neoliberale Weltwirtschaft ein Segen: Er verhindert Vernetzungen; er hält den Konsum auf Trab, denn Selbstverwirklichung braucht immer wieder neue Outfits, Tools, Spielzeuge – man nennt das in der Sozialpsychologie ‚symbolische Selbstergänzung‘.

Interessanterweise wurden in den ehemaligen „sozialistischen“ Ländern, also jenen, die die Struktur der Lohnarbeit (wenn auch mit geschönten und verschleiernden Worten) zum obersten gesellschaftlichen Wert erklärt hatten, humanistische und auch psychoanalytische Strömungen als „bourgeoise“ Ideologien denunziert. Sie erkannten nicht, dass in dem humanistischen Ideal der Selbstverwirklichung ein machtvolles Potential zur weiteren Ausbeutung verborgen lag. Sie verstanden Ausbeutung lediglich als Ausbeutung von Arbeitskraft, nicht aber als Ausbeutung von allen weiteren Ressourcen, etwa der Kaufkraft zur „Ankurbelung“ der Wirtschaft. Sie verstanden nicht, dass Produktion immer nur halbe Ausbeutung ist, und dass das ausbeuterische Perpetuum mobile erst dadurch entsteht, die Produzierenden auch konsumieren zu lassen. So fließt das ausgegebene Geld des Lohnes in Form von Konsumpreisen zurück zum Sender. Der neoliberale Westen mit ideologischer Schützenhilfe des Radikalen Humanismus verstand es, unter anderem über Sprache, ein hinreichendes Einverständnis der Bevölkerung mit den kapitalistischen Verhältnissen zu erzeugen: So ist die Rede von Flexibilität der Arbeitnehmer, von offenen Arbeitszeiten, um die individuellen Entfaltungsmöglichkeiten zu fördern, von Verantwortung und Selbststeuerung von Arbeitsprozessen – und meint doch eine Verschiebung von offener Ausbeutung hin zu einer konditionierten Selbstausbeutung von Arbeitskräften.[29] Die Mehrheit der Bevölkerung nimmt begriffliche Monstrositäten wie „Arbeitnehmer“ (statt Arbeiter; der für Lohn Arbeitende wird zum Nehmenden), „Arbeitgeber“ (statt Chef oder Herr; der Profiteur fremder Arbeitskraft wird zum Gebenden), „Konsumenten“, schlimmer noch „Verbraucher“ (kaum ein abwertenderer Begriff ist denkbar!) bereitwillig hin. Es wäre Aufgabe der Linken, auf diese begrifflichen Augenwischereien hinzuweisen – wo sie das versäumt, zeigt sich ihre Willfährigkeit gegenüber den etablierten Machteliten.

29. Z.B. Han, Byung-Chul: Müdigkeitsgesellschaft Burnoutgesellschaft Hoch-Zeit. Berlin, Matthes&Seitz, 2016.

14

Die intellektuelle Hilflosigkeit des Konservativismus

Die historische allgemeine Erfahrung, die dem Konservativismus ihre Existenzberechtigung verleiht, besteht in dem Vorteil der Verlässlichkeit der Mitglieder einer Gemeinschaft, sich dem Erhalt der Prinzipien zu verpflichten, die diesen Erhalt garantieren. Das sind zwei Komponenten: zum einen die Verpflichtung der Mitglieder, zum anderen die Erhaltung des Bewährten.

Die Idee von etwas „Größerem", „Heiligem" ist Voraussetzung für die Erhaltung eines Staates. Der Gedanke an dieses und das Commitment mit diesem muss aufrecht erhalten werden: Das ist der tiefere Kern des Konservativismus. Und doch muss dieses „Heilige" nicht etwa eine Blut-und-Boden-Ideologie und auch keine staatstragende Religion sein. Die mittlerweile historisch fernen Werte der Aufklärung böten sich für diese Funktion ebenso an.

Im Laufe der letzten Jahrhunderte veränderten sich die Inhalte der Linken und Rechten. Einst saßen die Verfechter der Werte der Aufklärung im französischen Parlament links, und die mit dem *ancien Régime* liebäugelten, rechts von ihnen.

In der Bonner Republik konnte unter den Konservativen keine Rede von einem *ancien Régime* mehr sein, jeder Bezug zum Kaiserreich und natürlich zum Nationalsozialismus[30] verbot sich von selbst. Die Rechte konzentrierte sich auf christliche Werte, auf einen tradierten bildungsbürgerlichen Kanon und eine dezente unverdächtige Heimatbezogenheit. Ihre Abgrenzung zur gemäßigten Linken verlor sich zunehmend, vor allem Ende der Neunziger und Zweitausender Jahre. Das konservative Element erodierte gemeinsam mit der Sozialdemokratie zu einer diffusen Mitte. Rechtspopulistische Parolen wurden laut, trafen aber auf keinen nennenswerten Widerhall im öffentlichen Debattenraum, in welchem es an einer fundierten konservativen Kraft fehlte.

Das größte Problem der Rechten ist es, keine fundierte abstrakte Gesellschaftstheorie aufgestellt zu haben. Sie hatte es in der Vergangenheit auch nicht nötig, denn sie war über Jahrhunderte bis Anfang des 20. Jahrhunderts[31] wie selbstverständlich staatstragend. Seit der Aufklärung haben es die rechten Think Tanks versäumt, eine saubere Theorie ihrer Ideen und Anliegen zu formulieren. Ganz anders die Linken, die auf die Literatur der Aufklärung zurückgreifen konnten, und spätestens nach dem zweiten Weltkrieg ganze Bibliotheken mit Philosophie, Sozial- und Gesellschaftswissenschaften füllen konnte. Die heutigen rechten Bewegungen in ganz Europa fallen in ein ideenphilosophisches Vakuum, das affektive Motive bar jeder geisteswissenschaftlichen Einbettung anzieht. Die Folge ist das, was man

30. Dem Nationalsozialismus lag wenig am Bewahren des Etablierten, weswegen er auch keine konservative Kraft gewesen war. Seine furchtbare Diktatur festigte er unter anderem durch eine Propaganda, die sich an konservative Bedürfnisse der Bevölkerung richtete. Die etablierten konservativen Kräfte verhielten sich opportunistisch und stellten sich entweder gar nicht, oder wenn, dann zu spät gegen den Faschismus.

31. Erst mit der Abdankung des Kaisers Wilhelm II. und der Ausrufung der Weimarer Republik änderte sich das.

heute allenthalben Populismus nennt, ohne dabei zu bemerken, dass eine jede Werthaltung, will sie Massen mobilisieren, in gewisser Weise populistisch sein muss und es leider auch ist.

Angesichts der Entwicklung der etablierten (und in den letzten Jahrzehnten auch regierenden) Linken, ihrer Allianz mit dem Neoliberalismus und ihren radikal-humanistischen Tendenzen, die meint, mit gendergerechter Sprache ihrem humanistischen Anspruch schon zu genügen, wäre es für intellektuelle konservative Kräfte eine günstige Gelegenheit, sich der nunmehr verwaisten humanistischen Aufklärung zu bemächtigen. Nichts spräche dagegen: Die Aufklärung liegt historisch lange genug zurück, um an ihr zu demonstrieren, was es hieße, für bewahrenswerte Geistestraditionen einzutreten. Doch die Werte der Aufklärung liegen in den Archiven der Linken, werden bisweilen wie Heiligtümer aus den geisteswissenschaftlichen Kellern geholt und verschwinden nach großspurigen Reden ohne konkrete Folgen wieder dort. Wenn die konservative Rechte sich von ihrer Volkstümelei befreien könnte, Ordnung in ihrem Ideeninventar herstellte, das historische Material nach aktueller Brauchbarkeit sichtete, sich den traditionsreichen aufklärerischen Werten verpflichtete, dann könnte sie gesunden, könnte sich als Diskurspartner den Linken anbieten und so eine tatsächlich demokratische Streitkultur innerhalb eines pluralistischen öffentlichen Debattenraums ermöglichen.

Die Neigung von Menschen, sich entweder der linken oder der konservativen Politik zu verschreiben, wird von einigen Psychologen mit der Dominanz einer von zwei fundamentalen Basistrieben des Menschen erklärt: dem Sicherheits- und Bindungsbedürfnis einerseits und dem Freiheits- und Autonomiebedürfnis andererseits. Ist das Bindungs- und Sicherheitsbedürfnis stärker, wird sich nach dieser Theorie ein Mensch eher zum Konservativismus hingezogen fühlen. Überwiegt aber der innere Autonomietrieb, wird man die etablierten Ordnungen eher ablehnen und sich den Linken zuwenden.[32]

Aus dem Dilemma zwischen den beiden fundamentalen Trieben von Bindung/Sicherheit einerseits und Autonomie/Freiheit andererseits gäbe es kein Entkommen, bliebe man bei dieser psychologischen Dichotomie. Wodurch zeichnen sich gelingende Lebensverläufe aus? Durch eine Ausbalancierung und damit durch intelligente Kontrolle der beiden Antagonisten. Möglich wird eine solche Harmonisierung durch die Einführung eines dritten Basaltriebes, dem des *Thymos* und dessen Aktualisierung in der Persönlichkeit und Etablierung in der Gesellschaft. Wir sagten, Selbstbehauptung sei sein Kernprinzip. Ein Aspekt dessen ist der Stolz, den wir der negativen Konnotation in unserer Kultur wegen besser mit dem Begriff der Würde ersetzen. Es ginge darum, „sich würdig zu verhalten", schrieb Ernst Jünger in sein Tagebuch während des zweiten Weltkrieges.[33]

Diese Selbstwürde erhebt die Wahrnehmung des Menschen über blinde Identifizierungen, lässt ihn reflektieren und sein Verhalten an den bewussten ethischen Maßstäben ausrichten. Selbstwürde geht paradoxerweise einher mit Selbstgenügsamkeit: Das Gefühl, sich selbst und der eigenen Wahrnehmung vertrauen zu können, genügt; es bedarf

32. Bischof, Norbert: Das Kraftfeld der Mythen. München, Piper, 1996.

zur ethischen Vergewisserung keiner fremdinduzierten Ideale. Alles, was ein halbwegs intelligenter Mensch über Ethik wissen muss, kann er in sich selbst finden, so er in fühlender und wacher Verbindung mit sich, seinen Gefühlen, seinem Denken, seinem Mitgefühl, steht. Dieses Grundvertrauen in die innere Wahrnehmung, die eine mitfühlende Ethik aus sich selbst hervorbringt, ist der Kern des thymotischen Prinzips.

Radikaler Humanismus fordert die totale Individualisierung eines Menschen. Das schließt auch die Nivellierung etablierter sozialer Rollen ein. Sofern es sich dabei um kulturell gewachsene Eigenschaftskonstrukte handelt, mag darin keine Gefahr bestehen, sondern sogar eine Möglichkeit individueller Befreiung und Selbstaktualisierung liegen. Schießt aber dieses Diktum über das ursprüngliche Ziel der stetigen Aktualisierung individueller Potentiale hinaus, entsteht eine neue (nur andere) Form eines Imperativs, so und nur so sein zu müssen: Statt also Menschen die Freiheit einzuräumen, durch Handlung und Erlebnis zu erfahren, wer man ist, regiert das Diktat zum *Sein als eigenschaftsfreies soziales Atom*, das sich keinem tradierten Angebot einer kulturel-

33. „Drei gute Vorsätze. Als ersten 'Mäßig leben', denn fast alle Schwierigkeiten in meinem Leben beruhten auf auf Verstößen gegen das Maß. Zweitens: 'Immer ein Auge für die Unglücklichen.' Dem Menschen ist die Neigung angeboren, das echte Unglück nicht wahrzunehmen, ja mehr als das: er wendet die Augen von ihm ab. Das Mitleid hinkt nach. Endlich will ich das Sinnen auf individuelle Rettung verbannen im Wirbel der Katastrophen, die möglich sind. Es ist wichtiger, dass man sich würdig verhält. Wir sichern uns doch nur auf Oberflächenpunkten eines Ganzen, das uns verborgen ist, und gerade die Ausflucht, die wir ersinnen, kann uns umbringen."(Jünger, Ernst: Kaukasische Aufzeichnungen, [1. Januar 1943], Klett-Cotta, 1994, S. 253/254)

len Identität verpflichtet fühlen darf. Diese tradierten Angebote sind in erster Linie Möglichkeiten zur Teilhabe an einer sozialen Gemeinschaft, gleichsam der kleinste gemeinsame Nenner einer Verbindlichkeit, die interaktionsfähige Gemeinschaften möglich macht. Fallen diese weg, wird ein fundamentales Grundbedürfnis der Menschen depriviert: Teil einer Gemeinschaft zu sein.

Der ursprüngliche Humanismus mochte die grundlegende Frage gestellt haben, was ein einzelner Mensch zu leisten vermag, doch war diese Frage stets eingebettet in die Gewissheit, dass diese Potentiale in eine Gemeinschaft eingebracht werden und dadurch überhaupt erst ihren erfahrbaren Wert erlangen. Fehlt diese letztgenannte Voraussetzung, wird Individualismus zu einem Selbstzweck ohne Ziel, ohne Wert, wird zu einer narzisstischen Spiegelei und erzeugt eine gesellschaftliche Atmosphäre des Gegeneinanders, der Konkurrenz, des Beharrens auf dem Recht *auf Alles*. Lebte man allein auf einer Insel, wäre das kein Problem. Finden sich aber mehr als zwei Menschen zusammen, braucht es resonanzfähige inhaltliche und wertbezogene Achsen, die Menschen miteinander zu verbinden vermögen: ein Verbindungsangebot, das überhaupt erst das Gefühl einer individuellen Identität ermöglicht.

Wenn also der Radikale Humanismus die totale Atomisierung des Selbstkonzepts verlangt, verhindert er die Entstehung von psychischen Identitätsgefühlen. Ein solches aber in sich zu finden, gehört zu den Grundbedürfnissen des Menschen. Wenn dies verhindert wird, bleibt es drängend und verlangt nach Befriedigung, eine Befriedigung, die aber erfolgreich verhindert wird. Das Ergebnis sind in

Fragen ihrer Identität verunsicherte Menschen, und damit Menschen, die leicht manipulierbar und regierbar sind.

Halten wir fest: Für den Zusammenhalt einer Gesellschaft braucht es ein Wertesystem, das sich aus einer metaphysischen Konzeption des „Größeren" ableiten lässt. Fehlt ein solches, greift als nächstmöglicher Wertekanon die rein materielle (kapitalistische) Doktrin, die Menschen, genauer deren Arbeitskraft und Konsumpotential, zu einer Ware degradiert. Ein metaphysisches Konzept des „Größeren" muss nicht zwangsläufig, wie in den Jahrhunderten bis zur Aufklärung, eine Religion sein. Der Humanismus der Aufklärung aber ist ohne die Werte des Christentums nicht denkbar; vielmehr wäre er zu verstehen als eine Transzendenz des ursprünglich christlichen Wertesystems.

Radikaler Humanismus aber kennt keine Wurzeln, kennt keine Metaphysik, er drängt Menschen in die Beliebigkeit eines kleinen atomistischen individuellen Universums, in dem jeder Mensch sowohl Schöpfergott, Schöpfung, Demiurg, Teufel als auch letzter Richter in Personalunion ist.

Das Unbehagen der Konservativen angesichts dieser Bedrohung ist nicht unverständlich. Doch ihre größte Schwäche und ihr größtes Versäumnis bestehen darin, sich in der Auswahl ihrer (zu bewahrenden) Themen auf voraufklärerische Werte zu beziehen. Sie erkennen nicht, oder kaum, das eigentliche abendländische wertvolle Erbe, das derzeit auf dem Spiel steht: die vom Humanismus getragene Aufklärung. Statt von einer Renaissance des gotischen Mittelalters zu träumen, wie etwa Stefan George und sein Kreis, aus dem sehr einflussreiche Konservative hervorgegangen sind (Claus Schenk von Stauffenberg ist lediglich der bekannteste unter ihnen), wäre eine Hinwendung zur Gedankenwelt von Kant, Goethe, Lessing oder Schiller nicht nur für die Konservativen, sondern für die ganze Gesellschaft deutlich gewinnbringender gewesen.

15

Das pädagogische Desaster

Vermitteln wir Bildung – oder ermöglichen wir die Bildung von Persönlichkeiten?

In ersterem Fall werden Kinder als Behälter verstanden, deren kognitive Systeme durch fremdinduzierte Informationen programmiert werden. In letzterem Fall wird pädagogisch die Reifung und Herausbildung möglichst kongruenter Persönlichkeiten unterstützt.

An dieser Stelle müssen einige psychologische, heute auch in der Alltagssprache kaum noch hinterfragte Termini kritisch beleuchtet werden. Allen voran der Begriff der Intelligenz.

Von Psychologen etwas flapsig (und durchaus selbstkritisch) als das definiert, was ein Intelligenztest misst, meint er in seiner etymologischen Bedeutung die Fähigkeit, in einen Sachverhalt hineinzuschauen, etwas also sehend zu durchdringen, damit entscheidungs- und handlungsfähig zu werden. Nur der intelligente Mensch kann auch ein mündiger Mensch sein. Präziser formuliert: Mündigkeit erlangt ein Mensch in genau jenen Lebensbereichen, die er sehend und verstehend durchdringen kann.

Wenn man nun behaupten würde, Intelligenz sei etwas nur Angeborenes, etwas, das sich jeder individuellen Beeinflussung durch genetische Prädisposition entzieht, entstünde dadurch bereits eine Vorauswahl an Menschen, denen man Mündigkeit, und damit aktive Teilhabe an den Belangen der Gemeinschaft, zu- oder abspricht. Man könnte also einen Großteil der aufklärerischen Ideale von vornherein für nicht umsetzbar erklären, und man müsste akzeptieren, dass nur eine minderheitliche geistige Elite, was komplexere Zusammenhänge betrifft, überhaupt teilhabefähig wäre.

Es gibt allerdings eine Reihe von Untersuchungen und Studien, die zeigen konnten, dass der berüchtigte IQ durchaus nicht so festgeschrieben ist, wie man allgemein glaubt. Bereits in der DDR wurden von Winfried Hacker Untersuchungen mit Fabrikarbeitern durchgeführt, die zeigen konnten, dass mit einer Zunahme von Verantwortung und Komplexität der Tätigkeiten auch die Intelligenz der Untersuchten messbar zunahm. Auch umgekehrt nahm die messbare Intelligenz in dem Maße wieder ab, wie die Ansprüche der Arbeit wieder reduziert wurden.

Ebenso legen neuere neurologische Erkenntnisse über die Entwicklung des Gehirns eine ziemlich große Variabilität allgemeiner Intelligenz nahe. Der Psychologe Howard Gardener geht noch einen Schritt weiter und postuliert mindestens neun unterschiedliche Intelligenzmodule, von denen durch Erfahrung und Prädisposition sich zwei oder drei zu bevorzugten Modulen einer Person entfalten, mit denen dieser sich der Welt nähert, sie zu verstehen sucht und in ihr handlungsfähig wird.

Und doch ist der Begriff der Intelligenz in Form eines allgemeinen und stabilen IQs noch immer eine feste Instanz im Einstellungsinventar von Öffentlichkeit und Pädagogik.

Das aktuelle Pädagogiksystem setzt implizit noch immer die klassische Intelligenzdefinition voraus. Obwohl alle

Schüler einer Klasse den gleichen Unterricht genossen, gibt es doch Schüler, die eine Eins bekommen und andere, die schlechtere Noten erhalten. Wie lässt sich das erklären? Die klassische Antwort wäre: Es gibt eben kluge und dumme Schüler. Heute würde das kein Lehrer mehr zu sagen wagen, aber sie denken es. Etwas anderes bleibt ihnen auch kaum übrig, da das pädagogische System eine direkte Ableitung aus dieser Annahme ist. Suchte man andere Erklärungen für die Leistungsunterschiede der Schüler, müsste man damit auch die Funktionalität des pädagogischen Systems in Frage stellen, das sich recht schnell als ein Augias-Stall entpuppen würde. Tatsächlich liegen Gründe für die Leistungsunterschiede von Schülern unter anderem in der natürlichen Varianz von Entwicklungsthemen, die eben nicht bei allen Kindern und Jugendlichen gleichzeitig relevant werden, weiter in der Varianz der Art und Weise, wie sich Menschen neuen Sachverhalten nähern (emotional und beziehungsbetont, rational und abstrakt, körperlich und handlungsorientiert u.a.), und nicht zuletzt in der Qualität bisheriger Förderung und Erziehung, wobei das soziodemographische Umfeld und die Möglichkeit von *Peer*-Beziehungen eine große Rolle spielen.

Und so müssen wir uns fragen, ob nicht der Intelligenzbegriff ein (auch) ideologischer Kampfbegriff ist, der systeminhärent eine tatsächliche Mündigkeit von Menschen von vornherein verhindert und diese Mündigkeit auch argumentativ zu widerlegen versucht.

Nicht die Digitalisierung und auch nicht der Neoliberalismus werden über Utopie oder Dystopie entscheiden, sondern wie wir die nachfolgenden Generationen bilden und erziehen.

Welche Wirkfaktoren für eine gelingende Pädagogik am entscheidensten sind, konnte die Hattie-Studie,[34] eine Meta-Studie über hunderte von Studien zu Lernerfolg und Unterrichtsformen, eindrücklich zeigen. An erster Stelle der relevanten Wirkfaktoren stehen neben der Selbsteinschätzung des eigenen Leistungsniveaus des Schülers (der deutlichste Wirkfaktor) der Pädagoge mit seinen Fähigkeiten, Schüler zu motivieren, zu begeistern, Respekt zu erzeugen und den Unterricht sinnstiftend zu gestalten. Weniger entscheidend waren Faktoren wie Klassenstärke, pädagogische Ausrichtung oder zur Verfügung stehende Materialien.

Betrachtet man nun die derzeitigen Bemühungen in Deutschland, die Effektivität von Schulen zu verbessern, könnte man meinen, man hätte sich die Hattie-Studie hergenommen, um anhand dieser die Pädagogik in Deutschland absichtlich zu sabotieren.

Den Studienergebnissen nach wäre es am effektivsten und sinnvollsten, die Lehramtsstudiengänge so zu verändern, dass künftige Pädagogen vor allem in Entwicklungs- und Lernpsychologie ausgebildet würden. Inhalte solcher psychologischen Fächer müssten beispielsweise sein: gewaltfreie Kommunikation, Stresstheorie und -prävention, Lernpsychologie, systemische Sozialpsychologie, Mediation und einiges mehr.

Stattdessen werden Schulen mit digitalen Medien, wie Tablets und Laptops, ausgestattet. Der Verfasser kennt Schulen, in denen es seit Jahren keine funktionierende Toilette gibt (stattdessen zwei Container auf dem Schulhof – an den zur Verfügung gestellten Räumlichkeiten erkennt

34. Z.B.: Hattie, John: Lernen sichtbar machen. Baltmannsweiler, Schneider-Verlag, 2013.

man die Anerkennung, die eine Gesellschaft bestimmten Bevölkerungsgruppen und Berufszweigen zollt) oder in denen es andere bauliche Probleme gibt. Berechtigt reagieren Pädagogen mit Unverständnis auf die massive Investition in digitale Technik, solange es ins Schulgebäude regnet. Interessanterweise zeigt eine ganze Reihe von Studien, dass die Nutzung digitaler Technik durchaus nicht zu besseren Lernerfolgen, sondern stattdessen zu Einbußen in Behaltensleistung und Konzentrationsfähigkeit führt. Hier hat der Lobbyismus einen fulminanten Sieg errungen – langfristig betrachtet aber vermutlich einen Pyrrhus-Sieg, denn schlecht ausgebildete Schüler mit Defiziten in den fundamentalen kognitiven Fertigkeiten (zu denen unter anderem Konzentrationsfähigkeit gehört) werden künftig weniger geeignet sein, das neoliberale System in Schwung zu halten.

Ein weiteres Spannungsfeld in heutigen Schulen betrifft eine strukturelle Problematik:

Eine klassische Schule ist ein Produkt historischer Bedürfnisse. Kinder sollten entsprechend der Anforderungen der Gesellschaft zu funktionierenden Leistungsträgern ausgebildet werden. „Gehorsame, gottesfürchtige Untertanen“[35] waren das Ziel. Nun ist eine Schule nach diesem Vorbild (wie wir es alle kennen) kein Ort, der den natürlichen Neigungen und reifungsbedingten Bedürfnissen von

35. „Aus allen Schulen [?] sollen verständige, gründlich unterrichtete, thätige und arbeitsame, uneigennützige und aufopferungsfähige Mitglieder der menschlichen Gesellschaft, anhängliche, treue und gehorsame Unterthanen und vor allem Andern fromme und gottesfürchtige und folglich auch gute, zufriedene und glückliche Menschen hervorgehen.” (aus den Jahrbüchern des Preußischen Volksschul-Wesens, 1825)

Kindern entgegenkommt. Ganz im Gegenteil sind Kinder dort gezwungen, sich auf unnatürliche Weise zu verhalten. Sie müssen stillsitzen (kein Säugetierjunges hält über Stunden still, sie lernen über sensumotorisches Verhalten, über Bewegung und körperliche Aktivität), müssen sich mit uninteressantem Stoff beschäftigen, der für sie keinerlei Sinnstiftung bereitstellt und mit Menschen in stundenlangem Kontakt sein, die sie vielleicht nicht mögen, zu denen es jedenfalls keine natürliche Beziehung gibt. Das möglich zu machen, gab es in dem klassischen Schulsystem einen ganzen Katalog an Sanktionsmaßnahmen, falls die Schüler nicht spurten, und die Schüler wussten um diesen. Die Androhung von Strafen war die maßgebliche Motivation der Schüler, dem Druck zu folgen. Im Zuge der Etablierung von Menschenrechten und der humanistischen Wende auch in der Pädagogik fielen diese Sanktionskataloge schrittweise weg. Einem Lehrer ist es aber nur möglich, mit Hilfe dieser potentiellen Androhungen eine halbwegs funktionierende Disziplin aufrecht zu erhalten. Eine Ausnahme mögen die wenigen Pädagogen sein, die Kraft ihres Charismas und ihrer persönlichen Ausstrahlung die Schüler lenken und leiten können, doch die Mehrzahl der Lehrer betrifft das nicht. Die Folge sind Disziplinschwierigkeiten, denen viele Schulen kaum noch Herr werden. Das mit einer Verrohung unserer Kinder zu erklären, greift zu kurz, vielmehr liegt der Grund in einem der Pädagogik inhärenten fundamentalen Systemfehler.

Nun gibt es objektiv betrachtet zwei Möglichkeiten, das Problem in den Griff zu bekommen: Man könnte erstens wieder den preußischen Drill in den Schulen einführen, wie es einige rechte Bewegungen und Parteien fordern. Wollen wir das? Eher nicht.

Oder man veränderte das Schulsystem auf eine Weise, die den hauptsächlichen Lernfaktoren, die wir mittlerweile gut erforscht aus Entwicklungs- und kognitiver Psychologie kennen, Rechnung trägt. Unterricht müsste also den Faktoren Lernbegeisterung, Resonanz und Sinnstiftung folgen. Diese drei Faktoren wären umsetzbar, vorausgesetzt, man bildete Pädagogen dementsprechend aus. Sinnhaftigkeit aber kennt keine Lobby. Die Hersteller von digitalen Geräten hingegen schon.

In der Folge all dessen entsteht nun eine, wie man in der Psychologie sagt, klassische Double Bind-Situation, also eine Situation mit einander widersprechenden Botschaften: Offiziell werden die humanistischen Werte von Gleichbehandlung, gleichen Chancen, der Förderung individueller Potentiale und ähnlichem proklamiert, im Strukturellen aber ist der „preußische" Drill nach wie vor Grundlage des Schulsystems. Die machthabenden Entscheidungsträger haben keinerlei Interesse daran, die genannten humanistischen Ideale tatsächlich umzusetzen. Leidtragende sind sowohl Schüler als auch Lehrer. Aus Sicht der Mehrheit der Schüler stellt sich die Situation so dar: Sie hören von Menschenwürde, von ihren eigenen Potentialen, die es in Selbstbildungsprozessen zu entwickeln gelte, von Respekt und gleichen Rechten für alle. Gleichzeitig aber werden sie ohne jede Rücksicht auf ihre eigenen Entwicklungsthemen, auf Interessen und Neigungen, Begabungen und Schwächen behandelt. Sie müssen sich einer fast lückenlos vorprogrammierten Tages-, Wochen- und Jahresstruktur unterwerfen, müssen, um den Zynismus auf die Spitze zu treiben, die Ideale von Aufklärung und Humanismus in Geschichtsunterricht, Gemeinschaftskunde und Ethik wiederkäuen, auswendig lernen und in Klassenarbeiten eins zu eins wiedergeben. Aus der Psychologie wissen wir, wie auf Double-Bind-Kommunikationen instinktiv reagiert wird: Man zieht sich, sofern möglich, aus diesen zurück, denn Lösungen gibt es innerhalb solcher Strukturen nicht. Sollte das nicht möglich sein, zieht man sich innerhalb seiner selbst zurück – man kündigt innerlich, entwickelt eine selbstschonende Haltung, wird – aus Selbstschutz – gegenüber der Situation oder Beziehung gleichgültig. Sowohl in Bezug auf Lehrer als auch auf Schüler ist der Zusammenhang von zunehmendem Stresserleben und der Stress- und Schutzreaktion (u.a. viele Krankschreibungen und Distanzierung von den Problemen der Arbeitsstelle auf Seiten der Lehrer, vermehrte Gleichgültigkeit, Nachweis von chronischen Stresssymptomen bei mehr als der Hälfte von Schülern) nachgewiesen.

Wenn Peter Sloterdijk von einer Empörungsgesellschaft spricht, müsste dem der Befund einer Traumatisierungsgesellschaft an die Seite gestellt werden. Der traumatisierende Aspekt liegt in einer von Kindesbeinen an stattfindenden Eichung auf die ständige Bedrohung eines künstlich erzeugten Versagens. Der Beginn dieser Dressur liegt in der Schule. Zensuren erzeugen zwangsläufig das Gefühl von starken Konsequenzen unseres Handelns. Auch gute Zensuren erzeugen den Druck, diese halten zu müssen, die Erwartungen von Eltern und Lehrern, die sich daran knüpfen, zu erfüllen und das Gefühl des Versagens, wenn dies nicht erreicht wird. Schüler, die gewohnheitsmäßig eher schlechte Zensuren bekommen, etablieren in sich ein Gefühl kompetenzorientierter Minderwertigkeit. Sie sind gezwungen, sich an den Zensuren anderer Schüler zu messen, weniger als zum Beispiel an den eigenen Lernerfolgen. Dieser Druck wird zu einer Art routiniertem Hintergrundrauschen im emotionalen Erleben; wir verlieren ihn dementsprechend aus dem Blick.

Strukturell ist die Vergabe von Zensuren eine Vorbereitung auf das Erwirtschaften von Geld im Erwachsenenleben. Man darf von einer strukturellen Gleichung sprechen: die Funktion von Zensuren entspricht der des späteren Geldes.

Insofern ist Schule, strukturell, die Vorbereitung auf ein widerspruchsloses Leben im Kapitalismus. Grundlage für den langfristigen Erfolg dieses Gesellschaftskonzepts ist eine künstliche Erzeugung von impliziter, also aus dem psychischen Hintergrund dauerhaft wirkender, Angst. Dauerhafte Angst wird am ehesten durch Traumatisierung erzeugt. Im Falle des Schulbesuchs findet die Traumatisierung über mindestens zehn Jahre hinweg statt und ist zu verstehen als eine feste psychische Installation durch eine fast tägliche Aneinanderreihung von Frustrationen und Angstsituationen. Eine einzelne für sich genommen würde kaum dauerhafte psychische Spuren hinterlassen, ihre über zehn oder mehr Jahre währende Disposition aber erzeugt das Grundgefühl einer immerwährenden Bedrohung durch das eigene Versagen. Die einzige augenscheinliche Lösung für die SchülerIn: gute Zensuren und später viel Geld generieren zu können.

Erforscht sind die psychologischen Hintergründe gut und schon seit längerem. Der Psychologe Martin Seligman sprach in diesem Zusammenhang von „erlernter Hilflosigkeit", von einer erlernten Einstellung, eine bestimmte Situation nicht mehr beeinflussen zu können und diesbezüglich in Apathie zu verfallen.

Die aggressiven Verhaltensauffälligkeiten von Schülern an Schulen und generell unter Kindern und Jugendlichen verweisen auf großes Frustrationspotential. Auch das ist gut erforscht: Die Forscher Dollard & Dollard formulierten schon vor Jahrzehnten eine „Frustrations-Aggressions-Hypothese“, die im Kern besagt, dass jedem aggressiven Verhalten Frustration vorausgeht.[36]

Aggressives Verhalten ist in diesem Zusammenhang zu verstehen als eine gesunde organismische Antwort auf die Konfrontation mit frustrierenden Situationen: Hinter der aggressiven Handlung steht eine Emotion des Zorns, verstanden als eine Energieaufwendung, um die antizipierten oder tatsächlichen Hindernisse und Hemmnisse zu beseitigen, welche die natürliche Grundbedürfnisbefriedigung

36. Eine Frustration ist zu verstehen als ein umfassendes Bündel an Emotionen, welches als Reaktion auf Bedürfnisdeprivationen entsteht. Depriviert, also unterdrückt oder nicht befriedigt sind hier fundamentale Grundbedürfnisse des Menschen. Als ein Grundbedürfnis definieren wir Bedürfnisse, die so tief in unserer menschlichen Natur verankert sind, dass sie nicht durch gezielten Entzug zu löschen sind. Als Erwachsener mag man die Einlösung einiger dieser Grundbedürfnisse hinauszögern können, Kindern hingegen fällt selbst das sehr schwer oder ist unmöglich. Solche Grundbedürfnisse lassen sich aus den Entwicklungsthemen der einzelnen Entwicklungsstufen des Menschen ableiten. Da wären beispielsweise das Bedürfnis nach Bindung, seien es primäre Bindungen im Kindesalter oder das Eingebundensein in soziale Netzwerke als Erwachsener; nach Autonomie, beziehungsweise einem hinreichenden Freiheitsgrad bezüglich Entscheidungen und Handlungen; nach dem Ergreifen von Initiativen eigener Natur; nach Selbstwertsicherung und -erhaltung; nach Selbstentwicklung und Selbstaktualisierung; nach hinreichender Kontrolle über die Ereignisse, die einen selbst betreffen; nach positiven Gefühlen, wie Lust, Freude, Begeisterung; nach kognitiv erfassbarer Sinnhaftigkeit der Lebensereignisse und einiges mehr.

verhindern. Ein aggressives Kind fühlt zwar die Deprivation, ist aber noch handlungsbereit, ist psycho-energetisch auf Lösung orientiert. Ein Kind dafür zu bestrafen, mag zwar mit der Ohnmacht mancher Eltern und Lehrer zu erklären sein, führt aber zu keinerlei Verbesserung der Situation. Das Kind lernt lediglich, dass seine Bedürfnisse offenbar keine Daseinsberechtigung haben, es verliert das Vertrauen darauf, dass es selbst, vielleicht mit sozialer Unterstützung, Lösungen generieren kann. Pädagogisch wäre hier angezeigt, die Aggressionen des Kindes als eine Botschaft des Kindes zu interpretieren, die es nicht anders formulieren kann, und ihm dann zu zeigen, welche Lösungsmöglichkeiten sinnvoll sein können. Durch Bestrafung aber wird man längerfristig das Phänomen der „erlernten Hilflosigkeit" bezüglich lebensrelevanter Themen erzeugen, also das grundlegende Gefühl, an bestimmten Situationen nichts ändern zu können.

Diese grundsätzliche Justierung auf die ständige Bedrohung durch eigenes Versagen ist die geeignete Vorbereitung auf die kapitalistischen Verhältnisse der heutigen Gesellschaft. Der Wert des Geldes für das eigene Leben erscheint mittlerweile fast allen Menschen als „alternativlos".

Dabei gibt es eine hervorragend ausgearbeitete, sich am Humanismus orientierende psychologische Theorie, die als Richtschnur für Erziehung, Bildung, Lernen, Problemlösen und anderes gelten kann – und in gewisser Weise sogar gelten muss. Eine Gesellschaft, die von sich behauptet, die humanistischen Werte als grundlegende Orientierung zu betrachten, muss sich dem Vergleich damit stellen. Die Rede ist von der von Carl Rogers und anderen begründeten Humanistischen Psychologie, als deren bekannteste praktische Anwendung man die *klientzentrierte Gesprächspsychotherapie* kennt. Darin postuliert Rogers als Voraussetzung für erfolgreiches Problemlösen und Lernen eine Atmosphäre „psychischer Freiheit und Angstfreiheit". Angst und Anpassungsdruck verhindern den Zugriff auf dem Menschen innewohnende Lösungen, Ideen und Selbstwahrnehmungen. Ein kongruentes Leben, also ein Leben in hinreichender Deckungsgleichheit von inneren Werten und Bedürfnissen einerseits und äußeren Lebensbedingungen und eigenem Verhalten nach außen andererseits wird durch diese Ängste unmöglich gemacht. Rogers erkannte folgerichtig, dass in therapeutischen und pädagogischen Situationen zuerst eine Atmosphäre von Wertschätzung, die an keine Bedingungen und keine Erwartungen gebunden ist, hergestellt werden müsse. Der Therapeut und der Pädagoge hätten als vornehmliche Aufgabe einen solchen sozialen Raum zu erzeugen. Steht ein solcher zur Verfügung, kommen die Selbstaktualisierungskräfte des Menschen zur Wirkung, die sowohl für selbstgesteuertes intrinsisches Lernen als auch für geeignete Lösungen sorgen werden.

Ein Blick auf die heutige Schullandschaft offenbart das Gegenteil dieser Rogers´schen Prämissen. Eine Gesellschaft, und konkreter ein Schulsystem, das von sich behauptet, humanistisch orientiert zu sein, aber so offenkundig das Gegenteil tut, verliert den Anspruch, sich humanistisch zu nennen.

Hier zeigt sich der ideologische Charakter eines Humanismus, der lediglich zur weltanschaulichen Rechtfertigung dient, aber keinen Bezug zur Wirklichkeit hat. Wir haben es hier mit einer Ideologie zu tun, die, ähnlich wie die Ideologien des ehemaligen sozialistischen Ostblocks, der Verschleierung der tatsächlichen Verhältnisse dient.

Statt den humanistischen Idealen in der Praxis zu folgen, wird die antihumanistische Konditionierung der Menschen zu angst- und damit auch Ressentiment-orientierten Gesellschaftsparametern mit einem quasi-humanistischen Reframing versehen: Statt die arbeitsbezogenen, familiären und sozialen Unsicherheiten offen zu benennen, wird euphemistisch suggeriert, der Mensch sei frei zur Gestaltung seines eigenen Lebens. Dass sich hinter dieser Prämisse ein verräterischer Sozialdarwinismus verbirgt, muss kaum hinzugefügt werden: Bestehe Schule und Arbeitsleben so, dass du gute Zensuren und gutes Geld verdienst, dann wirst du nicht zum Elendsprekariat gehören.

16

Entkörperungen und Entselbstungen

Die „Maschine“, deren erste Entwürfe in frühen Steinwerkzeugen, im ersten vom Menschen entfachten Feuer, den ersten Hütten und den ersten Schriftzeichen zu finden sind, ist eine Externalisierung des menschlichen „Ich kann“. Der Tötungs- und Jagdraum des Menschen erweiterte sich von der Armeslänge auf die Wurfweite eines Speeres. Die bislang notwendige Unmittelbarkeit von Kommunikation wurde mit dem Aufkommen der ersten Zeichen überwunden, die, etwa auf Felswände gemalt, von Anderen auch später wahrgenommen werden konnten. Der zeitliche Kommunikationsraum erweiterte sich und der Adressat musste nicht mehr zeitgleich vor Ort sein, um die Botschaft zu erhalten. Boote ersetzten die Schwimmkraft. Reittiere erhöhten die Mobilitätsgeschwindigkeit. Vom Pferd bis zu Flugzeugen und Raumfähren dürfen wir von Kompensationen der niedrigen Laufgeschwindigkeit des Menschen sprechen, dessen antizipierender Geist sich von der Grobheit eines langsamen Körpers nicht gern aufhalten lässt. Diese Entwicklung hat zu zwei seltsamen Resultaten geführt.

Von einem dieser Resultate ist schon seit langem immer wieder warnend die Rede: wer seinen Körper nicht bewegen muss, um vorwärts zu kommen, wird es mit atrophierenden Muskeln zu tun bekommen. Wer im Flugzeug sitzt, muss nicht über viel Muskelkraft verfügen, und er schult sie auch nicht. Heutige Fitnessprogramme zeigen die Scheu auf, auf die basalen körperlichen Fähigkeiten zu verzichten, und was nicht durch die alltäglichen Verrichtungen gestärkt wird, muss im Sport, im Yoga, in der Gymnastik kompensiert werden. Wir sind körperlich schmal geworden. Die gute Ernährung wiederum hat uns in die Höhe schießen lassen. Begegneten wir einem Griechen aus Homers Zeiten, wären wohl beide Parteien erstaunt über den Anblick des jeweils anderen.

Das andere Resultat ist eines, das unvorstellbar genug gewesen war, um sich darüber keine Sorgen zu machen: die reale Entkörperung der psychischen Handlungen und Kommunikationen. Was in Magie und mystischem Yoga schon immer Ziel und Utopie gewesen war – die kontrollierte Loslösung des Geistes vom Körper – ist auf maschinelle Weise Wirklichkeit geworden. Begegnungen sind im Internet möglich, in Chatrooms, auf *social media* wie Facebook, Instagram, Twitter, Snapchat, Whatsapp. Das Einrichten von und Leben in Avataren in Computerspielen bietet eine Alternative zum unfreiwilligen Körpersein durch Geburt. Psychische Energie in Form von Bedürfnissen nach Wirksamkeit, Anerkennung, Ruhm, Geltung, Schönheit, Erfolg und Einbindung fließt durch digitale Kanäle und braucht die konkrete somatische Begegnung nicht mehr. Der reale Körper wird degradiert zu einer Basisstation, in dem sich lediglich die allernotwendigsten Lebensfunktionen bündeln.

Die energetische Konzentrierung verlagert sich vom menschlichen Körper hin zur Maschine. Der Körper muss nicht stark sein, solange der Avatar stark und siegreich ist. Das Gedächtnis muss nicht trainiert werden, solange Festplatten und Internet die Daten speichern. Das Gefühlsleben muss nicht ausgewogen sein, solange das Versenden eines positiven Emojis suggeriert, es ginge einem gut. In dem Maße, wie der Mensch auf energetische Grundversorgungen und Stärkungen verzichten kann, benötigt aber die Maschine ebenjene Energie. Ohne Strom geht's nicht. Dieser allerdings wird nicht von der Maschine in einem Perpetuum mobile erzeugt, sondern ist von der physikalischen Wirklichkeit abhängig. Je mehr unser Geist sich in den Labyrinthen des Internets verliert, desto mehr verlieren wir die Kontrolle über die physische Welt, wie sie unser Gesamtorganismus erfährt. Wir verarmen körperlich.

Die Objektivierung bestimmter Eigenschaften unserer selbst erzeugt eine seltsame Dissoziation: Wir entfremden uns von uns selbst, indem wir Eigenschaften so behandeln, als gehörten sie nicht zu uns. Wie soll da Heilung und/oder Gesundung geschehen können?

Und doch ist es eine Tendenz der Postmoderne, einerseits dem Individuum, und damit der persönlichen Ganzheit zu huldigen, andererseits aber sich selbst zu fragmentieren und diese Ich-Scherben zur „Behandlung" an externe Experten oder Erfüllungsmaschinen zu delegieren. Der Arzt kümmert sich um das Fragment „Gesundheit", die pädagogischen Institutionen um das Fragment des Geistes, die Politik um unser gesellschaftliches Zusammenleben. Und der Trend scheint noch an Fahrt aufzunehmen, seit wir über einen digitalen Pool an Kontaktsurrogaten verfügen.

Einige Spuren dessen seien gezeigt:

Wir leben zunehmend in einem Widerspruch zwischen dem Trend zur körperlichen Selbstoptimierung durch Apps, Fitnessstudios, Parametrisierung körperbezogener Daten, etwa Hormonspiegel, Puls oder Cholesterinspiegel einerseits und der fast vollständigen Verantwortungsabgabe der Gesundheit des Körpers an das apparate- und pharmazeutikbestimmte Gesundheitswesen.

Ein historisch erstmals auftretendes Phänomen ist es, dass durch Fernsehen und Onlineformate Massen an Menschen exakt die gleiche Wahrnehmung bestimmter Sachverhalte haben können. Die kognitiven Folgen sind noch nicht untersucht worden. Meinungserzeugung steht heute gegen das selbstständige Erringen einer Haltung durch aktives Sich-sachkundig-machen. Während wir beim Buch noch die Wahl haben, welches wir aufschlagen, wie langsam oder schnell wir lesen, diktiert das Fernsehprogramm sowohl über Aufnahmegeschwindigkeit, als auch Zeitpunkt und weltanschauliche Implikationen.

Es gibt einen fundamentalen Unterschied zwischen Tourismus und Reisen. Tourismus ist die Simulierung des Reisens. Macht man eine Reise, werden die Ereignisse den Reisenden transformieren. Von einer wirklichen Reise kommt man nicht als derselbe zurück. Tourismus hingegen verwandelt nicht, er nimmt dem Touristen und/oder Urlauber jede Verantwortung für unerwartbare Erlebnisse und damit auch für Selbsterfahrung ab. Tourismus appelliert nicht an Selbstwirksamkeitserwartungen, sondern sucht diese zu vermeiden.

Jeder Mensch hat eine etwas andere Art, effektiv und sinnvoll zu arbeiten. Unter anderem liegt das an Persönlichkeitsunterschieden, die sich etwa in Dimensionen wie Extraversion und Introversion niederschlagen. Die Automatisierung fast aller Arbeitsprozesse, sogar der von Pädagogen und damit auch der Lernprozesse von Kindern, führt zu einer Gleichschaltung arbeitsbezogenen Verhaltens. Raum für das Aufnehmen von größeren Einflussfaktoren, wie etwa dem Wetter oder der Jahreszeit, gibt es so gut wie nicht mehr. Sommers wie winters beginnt die Arbeit oder die Schule zur gleichen Zeit. Das Natürliche wird ins Künstliche eingepasst wie in ein Prokrustesbett.

Das Gleiche gilt für eigengesteuertes Lernen und Bilden, bei dem mittlerweile nicht der reale Lern- und Reifungseffekt im Vordergrund steht, sondern die Quantifizierung durch die Anzahl von Zertifikaten, also der Nachweisbarkeit durch ein sekundäres Argument – das Zertifikat statt der Kompetenz. In schulischen Bildungsprozessen müssen wir mittlerweile von einer Maschinisierung kognitiver Prozesse sprechen: Gehirne von Kindern werden auf die gleiche Weise mit Daten gespeist wie die Festplatten von Computern.
Online-Nachrichten geben uns die Illusion, informiert zu sein. Die eigentliche Recherche verliert somit ihren Charakter einer Quest, einer „heiligen" Suche, bei der der Weg das ursprüngliche Ziel nicht selten entgegenständlichen kann. Ein Studium besteht auch aus Wegen,

die zurückgelegt werden müssen, wie Handwerker wissen, die sich auf der Waltz befinden. Einige Studien zeigen, dass die Behaltensleistung desto mehr steigt, je mehr Aufwand für die gewünschte Information betrieben wird. Mit dem Fahrrad zur Bibliothek fahren und wissen, dass man das Buch zu einer bestimmten Zeit wieder abgeben muss, führt zu einer deutlich höheren Merkfähigkeit, als hätte man die gleichen Informationen im Internet recherchiert. Offenbar spielt das implizite Wissen darum, ob und wie man auf bestimmte Informationen wieder zurückgreifen kann, eine große Rolle beim Abspeichern von Daten im Langzeitgedächtnis.

In der Folge geben wir vermehrt bereitwillig die Verantwortung über Informationszufuhr und deren Deutungshoheit an Massenmedien ab. Man könnte einwenden, das sei in historischen Zeiten nicht anders, sogar deutlicher gewesen. Ja, es war deutlicher. Während es vor Jahrhunderten noch den Oberen geboten schien, das mündige Denken der Menschen zu unterdrücken, geht es heute eher um Verwirrung und Zerstreuung des Denkens und überhaupt kognitiver Fähigkeiten.

Gegen Pornografie als Kunstform wäre nichts einzuwenden, wenn der Rezipient dabei nicht Gefahr liefe, die Würde und Schönheit des eigenen Körpers und seiner Lust aus den Augen zu verlieren. Das Phänomen der Entkörperung zeigt sich hier durch die Reduzierung der beteiligten Sinneskanäle bei gleichzeitiger Fokussierung eines körperfremden Sachverhalts.

Seit Whatsapp, Facebook und Co werden Begegnungen ins Digitale und damit Abstrakte delegiert. Ein ausgedehnter Chat erübrigt oft ein Treffen.

Das Resonante in realen Begegnungen besteht aus einer komplexen Wahrnehmung des Anderen, nur solche nähren seelisch– eine Erfahrung, der wir uns zunehmend berauben.

Wir sprechen von Entkörperungen in mehreren Dimensionen: der Körperwahrnehmung, also dem In-Kontakt-Sein mit den Signalen des Körpers; des Umgangs mit dem Körper als ein wesentlicher, vielleicht der wesentlichste Aspekt unseres Seins; unserer konkreten Handlungsfähigkeit als ein körperliches Wesen und der Fürsorge für den Körper.

Der Körper ist der direkte Kontakt zur Welt, da aus dem gleichen Stoff bestehend. Geist und Emotion können nur mittelbar auf die Welt reagieren, aber sie sind vom Körper abhängig, als wäre er das Mutterschiff, das Habitat, in dem sich Psyche und Geist beheimaten. Entkörperungsphänomene werden also immer auch Entselbstungen von Geist und Psyche mit weitreichenden Folgen im Erleben von Selbstwirksamkeit, Selbstwertgefühl, Beziehungserleben und Selbsterfahrung zur Folge haben.

Die Analyse der Ursachen könnte folgende einfache Formel hervorbringen: Das Ausgeliefertsein an die Bedingungen der Natur ließ Manipulationsversuche entstehen, aus denen das hervorging, was wir heute Zivilisation nennen. Ziel war es, die Unwägbarkeiten des Natürlichen, des Zufalls, des Ausgeliefertseins möglichst einzudämmen. Aufgrund zunehmender Erfahrungen der Machbarkeit dessen entstand ein vermehrtes Interesse daran, was der Mensch vermag. Der Humanismus entstand, war jedoch anfangs noch eingebunden in Weltbilder, die den Menschen als natürlichen Teil eines Größeren verstanden. Doch die Freiheit, die der ursprüngliche Humanismus versprach, verkehrte sich in ihr Gegenteil. Die zunehmende Kontrolle über die Unwägbarkeiten der Umwelt schränken nun die Handlungs- und Responsemöglichkeiten des Menschen zunehmend ein. Man denke an eine Fußgängerampel an einer nächtlichen leeren Straße. Die Ampel steht auf Rot, Aufmerksamkeit ist kaum vonnöten, wir müssen nicht rechts, nicht links schauen, wir müssen nur abwarten, bis die Ampel auf Grün schaltet. Uns sind sowohl die Entscheidung, als auch die Notwendigkeit zur Aufmerksamkeit, als auch das Gefühl der Selbstverantwortung abgenommen worden. Ebenso entbinden uns Navigationsgeräte in Autos von der Notwendigkeit, uns im Raum zu orientieren. Die Folge ist eine neurologisch nachweisbare Verkleinerung des Hippocampus, der Gehirnregion, die unter anderem für räumliches Vorstellungsvermögen zuständig ist.

Zivilisierung ist aus Sicht heutiger Verhältnisse auch Maschinisierung. Maschinisierung bedeutet aber neben der Vereinfachung lästiger vormaliger Prozeduren (gipfelnd in der von Henry Ford eingeführten Fließbandarbeit, man denke an Chaplins Film „Modern Times“, darin die Fließbandszene) auch eine zunehmende Algorithmisierung aller möglichen Ereignissequenzen, die unser eigenes Erleben zu einem Teil eines größeren Regelwerks machen, auf das wir keinen Einfluss mehr haben.

17

Psychologie: Zwischen Erkenntnishilfe und Verantwortungsabgabe

Wahrnehmungsraum und Erfahrungsraum bedingen einander.

Der Weite des Wahrnehmungsraumes unterliegt aber zunehmend einer Verzerrung. Was ihn weit erscheinen lässt, ist die Flut an Daten und Bildern, die wir täglich über Fernsehen und Internet aufnehmen. Wir müssen allerdings heute unterscheiden zwischen einem virtuellen Wahrnehmungsraum, der zusehends mehr Wahrnehmungskapazitäten einfordert, aber kaum Handlung und Antwort hervorrufen kann – und dem realen Wahrnehmungsraum, der unser konkretes Lebensumfeld mit all den damit verbundenen Handlungsmöglichkeiten umfasst.

Wahrnehmungsräume können sich nun auf äußere Bedingungen beziehen (das reale soziale Netz, die Arbeit, die Stadt, in der man lebt) oder auf innere Phänomene (Ängste, Bedürfnisse, Wünsche, Träume).

Radikaler Humanismus macht uns zu Managern unserer selbst. Man denke an den verräterischen Begriff der „Ich-AG“ aus den späten 1990er Jahren unter Bundeskanzler Gerhard Schröder. Dieses Selbstmanagement schließt nicht nur die individuelle Bewältigung des gesellschaftlichen Lebens ein, sondern ebenso die Kontrolle über innerpsychische Dispositionen. Es ist ein seltsamer Widerspruch, dass der Radikale Humanismus einerseits diese innerpsychische Selbstkontrolle fordert, andererseits aber ebenso deren Verantwortungsabgabe an Therapie und Psychologie forciert. Psychologische und pseudopsychologische Begriffe und Deutungen haben längst den allgemeinen Kommunikationsraum erobert. Diese geben die Interpretationen des eigenen psychischen Soseins vor: depressiv, manisch, süchtig, ADHS, teamfähig oder nicht, soft skills, ichbezogen („nur das Ego" – die Abwertung des Egos angesichts des hohen Wertes des Individualismus ist ein interessantes Paradoxon) und vieles mehr. Die nichtpathologische Varianz psychischer Dispositionen ist durch einen stetig umfassender werdenden Katalog möglicher psychischer Störungen recht eng geworden. Es ist ein bemerkenswerter Widerspruch, dass angesichts der starken Betonung des Individualismus doch gleichzeitig der psychische Normierungsdruck des Menschen zugenommen hat. Was einst als schrullig oder etwas seltsam galt, findet heute in der Regel einen krankheitswertigen normierten Begriff.

Zwar obliegt die Verantwortung für unser Wohlergehen ganz uns – die Deutungshoheit aber über dieses beansprucht das kollektiv geteilte Weltbild des Radikalen Humanismus, gespeist aus Fragmenten von Psychoanalyse, Psychologie und Esoterik.

Sich selbst in die Hände der Psychologie zu legen, vorausgesetzt, man leidet nicht an einer ernsthaften psychischen Erkrankung, kommt einer Verantwortungsabgabe gleich. Die Folge ist eine Tendenz zur Entselbstung durch die Akzeptanz eines psychischen Phänomens als ein dämonisches Einsprengsel, das sich durch einen kleinen psycho-chirurgischen Eingriff entfernen ließe. In einigen Härtefällen mag das sinnvoll sein; dies aber als eine allgemeine Selbstverständlichkeit zu akzeptieren, hieße sich eines Großteils der Möglichkeiten seines Schicksals zu berauben. Wie, im antiken Sinne, ließe sich da noch das Meer des Lebens befahren, es also in einem übertragenen wie konkreten Sinne „erfahren"? Wie könnte man da noch der thymotischen Regung nach Selbstwürde folgen? Wenn doch die eigene Argo – namens Ich – mit unvollständiger Besatzung in See sticht?

Die psychologische Botschaft aus allen ernstzunehmenden Therapie- und Selbsterkundungs-Forschungen lautete ganz einfach: Sei in Kontakt mit dir selbst! Paradoxerweise sind es die Paradigmen des Radikalen Humanismus, die uns dabei im Wege stehen. Es sind die impliziten Botschaften wertender Natur, die von Erwünschtem und Unerwünschtem sprechen.

In Kontakt mit sich selbst zu sein, heißt auf körperlicher, emotionaler und geistiger Ebene zu einem innerseelischen Konsens zu finden.

In Kontakt mit sich selbst zu sein heißt, sich selbst wahrnehmungsfähig zu machen. Bin ich wahrnehmungsfähig in Bezug zu mir selbst, kann ich auch andere wahrnehmen.

Auf der Körperebene kann das beispielsweise heißen:

Man nehme an, ein Mann und Frau möchten miteinander schlafen. Doch aus welchen Gründen auch immer bekommt der Mann keine hinreichende Erektion. Statt nun seinen Selbstwert als Mann in Frage zu stellen, ließe sich das Phänomen auch als eine explizite Botschaft seines Körpers interpretieren, der mit klarer Geste sagt: Nein, mit dieser Frau wirst du nicht schlafen. Kontakt zu sich selbst hieße in diesem Fall, seinem Körper zu vertrauen. Natürlich gilt dieses Gleichnis auch umgekehrt für Frauen.

Auf der emotionalen Ebene ist es ganz ähnlich. Es gibt gesellschaftlich erwünschte und unerwünschte Emotionen.

Zorn zum Beispiel ist nicht gern gesehen. Und doch gibt es keine „schlechte" Emotion. Zorn etwa ist zu verstehen als eine Energieaufwallung, die angesichts von Hindernissen vom Körper bereitgestellt wird. Ist man zornig, ist das immer ein Indiz dafür, dass der gesunden Entfaltung und Aktualisierung des Selbst ein ernstzunehmendes Hindernis entgegensteht. Dieses kann innerpsychisch oder äußerlich sein. Es könnte sich um interne Einstellungen handeln, die bestimmte Grundbedürfnisse verwehren, es könnten aber ebenso inakzeptable Verbote aus der Mitwelt sein. Wird der Zorn verboten, heißt das, es gibt einen konkreten Machtanspruch über uns. Insofern ist der Zorn eine Funktion des thymotischen Motivs, des Thymos, der von uns eine Haltung der Selbstwürde einfordert. Wer den Zorn unterdrückt, macht sich zum Sklaven.

Wer die *Melancholie* ignoriert, vermeidet den Blick auf die Mitwelt, die nur unvollständige Resonanzbeziehungen zur Verfügung stellt und einer Umjustierung aus eigener Entscheidung heraus bedarf.

Wer *Depression* für eine rein endogene Angelegenheit hält, ignoriert den Resonanzcharakter einer jeden menschlichen Reaktion. Es ist kein Zufall, dass in den westlichen Ländern die meisten Depressionsfälle zu finden sind, und dass in diesen überhaupt die Depression zu einer wahren psychischen Seuche werden konnte. Depressivität ist eine folgerichtige Reaktion des Menschen, der als vereinzeltes Individuum einem unüberschaubaren und übermächtigen Universum gegenübersteht. Depression ist eine unmittelbare Konsequenz aus der Radikalität eines Humanismus, der jede Einbindung a priori negiert und jede Schicksalhaftigkeit in die Hände des für sein Scheitern und Leisten eigenverantwortlichen, weil atomistisch gedachten Individuums legt. Die hohen Prävalenzen der Depression verweisen auf die systematische Überforderung des postmodernen Menschen der westlichen Welt, der innerhalb eines kurzen Erdenlebens das zu leisten hat, was man beim alttestamentarischen Gott Weltenschöpfung nennt.

Die systematische Überforderung des Menschen durch die Diktate des Radikalen Humanismus äußert sich in einem weiteren Phänomen, das man gemeinhin *Stress* nennt. Sich unter Spannung zu setzen, bedarf eines feinen Gespürs dafür, wann diese Spannung zu großen Taten, und wann diese Spannung zu einer chronischen Belastung führt, die alle Energiereserven zur Vermeidung des Schlimmeren aufwenden muss. In diesem Fall wäre keine Rede mehr von großen Taten.

Was, müssen wir uns fragen, hat antike Heroen, neuzeitliche Entdecker und Helden und produktive Künstler davor bewahren können, an dieser Spannung zu zerreißen und sie stattdessen befähigt, große Taten leisten und Werke hervorbringen zu können? Die Gemeinsamkeit springt ins Auge: All jene fühlten sich eingebunden in ein Größeres. Einige nannten es Gott, andere Götter, wieder andere die Macht der Moiren, und wieder andere ein universelles göttliches Prinzip. Wie auch immer die Architektur ihres Weltbildes entworfen sein mochte, nie waren sie metaphysisch Vereinzelte. Vielleicht wäre sogar Achilles an der Frage verzweifelt, wie er sich denn selbst verwirklichen könne und wer er sei, wenn er doch der allein abrechnungspflichtige Architekt seines Erfolges und seines Scheiterns hätte sein müssen. Sein Größeres war das Schicksal, dem er sich nur fügen musste, um ganz er selbst zu sein. Die

Geschichten, die er über sich selbst zu hören bekam, schon als Kind, woben sich als dieses Größere um ihn wie ein feines metaphysisches Spinnennetz, Geschichten von der göttlichen Mutter Thetis, vom Heldenvater Peleus, von der Unverwundbarkeit (außer an der berühmten Ferse) und von einer Prophezeiung, die ihm lediglich eine einzige Entscheidung abnötigte: ein geruhsames Leben bis ins hohe Alter zu führen oder als größter Held der Antike jung zu sterben. *Eine* Entscheidung! Postmoderne Menschen treffen nahezu tagtäglich neue Entscheidungen, die alle eine mehr oder weniger große Bedeutung für ihr weiteres Leben haben werden.

Die Psyche und damit das Selbstwirksamkeitsgefühl sind mit einer Handvoll wichtiger Entscheidungen im Leben vollkommen ausgelastet. Der Rest ist Umsetzung, und dem Erfolg dieser Umsetzungen entnimmt der Mensch sein Selbstwertgefühl, seine Selbstwirksamkeit, darin prüft er sich und seine Möglichkeiten. Es ist die Überzahl an gewichtigen Entscheidungen, die die Kraft eines Menschen zerfasern und ihn ins Uferlose treiben lassen. Es deutet vieles darauf hin, dass nicht das Arbeitspensum über chronische Stresszustände, Burnout-Syndrome und reaktive Depressionen entscheidet, sondern die nicht abreißende Unsicherheit immerwährender Entscheidungsnotstände.

Man hüte sich davor, seine emotionalen Reaktionen auf das Gegebene pathologisieren zu lassen. Man bleibe in wohlwollenden Kontakt mit sich selbst, man höre auf die eingeschriebenen Botschaften des Körpers und der Seele. Wehrt der Vereinzelung. Sucht lebendige Resonanzen, die euch leben lassen – so könnte die gesunde Botschaft einer von finanzstarken Lobbygruppen freien Psychologie lauten.

18

Für eine Rehumanisierung unserer Weltbeziehungen – Hartmut Rosas Resonanz-Theorie

Die Potenz des Radikalen Humanismus, überkommene Traditionen in Menschen- und Weltbildern zu enttarnen, etwa in gesellschaftspolitischen Fragen von Rassismus, Geschlecht oder Nationalismus, ist zugleich die Quelle seiner größten Schwäche. Identifizierung und Identität müssen strikt unterschieden werden. Identifizierung geschieht aus einer Vermeidung von Bewusstheit und dem damit verbundenen Einrasten in kollektiv bereitgestellte Stereotype heraus. Das eigene Selbstverständnis an einer Religions-, Staats-, Geschlechts- oder Hautfarbenzugehörigkeit zu orientieren, bedarf es keiner komplexen kognitiven Fähigkeiten. Im Piaget´schen Sinne reichen dazu eine konkret-operationale Stufe des Denkens und eine konventionelle Moraleinstellung völlig aus. Diese Identifizierungsangebote werden in den letzten Jahrzehnten systematisch von „links" und mit massiver Unterstützung des Radikalen Humanismus dekonstruiert. So weit so gut. Doch Identifizierung ist nicht Identität. Identität ist das Gefühl eines verlässlichen Kerns des eigenen Wesens, eines Kerns, der Halt und Ich-Stabilität verleiht und damit einen Menschen handlungs- und wirkfähig sein lässt.

Die Dekonstruktionen des Radikalen Humanismus gehen zu weit. Statt lediglich mit kritischem Blick die Identifizierungen zu untersuchen, sie mit den Werten des Humanismus zu messen, gegebenenfalls ihre Inhumanität festzustellen und sie mit dieser Begründung zu verwerfen, werden *alle* Formen und Bedürfnisse nach stabiler Identität verworfen. Identität meint noch mehr: das überdauernde Gefühl, in einem größeren Gefüge (sei es kosmisch, sozial oder spirituell) einen passenden Platz gefunden zu haben oder finden zu können. Mit dem Grundgedanken einer atomisierten Individualität ist das von vornherein unmöglich.

Die entscheidende Frage besteht also darin, wie wir weltanschaulich zur Möglichkeit eines Gefühls jener Eingebundenheit (zurück)finden können.

Seit Nietzsche ist der christlich-religiöse Ansatz dauerhaft beschädigt – und aus Sicht eines gesunden Humanismus nicht zu Unrecht. Zwar stellten die Kirchen Erklärungsmodelle eines komplexen „Größeren", in das man als Mensch eingebunden sei, zur Verfügung, doch zu dem Preis von Degradierungen bestimmter Menschen mit bestimmten Eigenschaften, etwa von Frauen, die das „Gefäß der Sünde" seien und dergleichen mehr – das sind metaphysische Kollateralschäden, die seit der Aufklärung nicht mehr hingenommen werden. Der Hunger der Menschen aber nach weltanschaulicher Einbindung, nach Überwindung des Gefühls individueller Atomisierung, blieb ungestillt; wir erkennen ihn an dem vermehrten Interesse an Esoterik, Okkultismus und Religionen aus fremden Kulturen, etwa Buddhismus oder Hinduismus, ein Interesse, das sich schon in den Anfängen des 20. Jahrhunderts zu einem finanzstarken Markt ausweitete. Doch die schiere Vielfalt dieser Möglichkeiten garantiert noch nicht die Einlösung ihrer Versprechen. Oft genug stehen sie in deutlichem Widerspruch zu den Wissenschaften unserer Tage, nicht nur weltanschaulich, sondern auch sprachlich.

Was wir suchen, ist eine zeitgemäße Perspektive, die sich sowohl dem alt-humanistischen Ideal verpflichtet weiß, als auch an Prämissen des Radikalen Humanismus anknüpfen kann.

Einen interessanten und derzeit vielbeachteten Ansatz bietet der Soziologe Hartmut Rosa mit der von ihm entwickelten Resonanz-Theorie an.[37] Rosa konzentriert sich allerdings auf den soziologischen Charakter seines Ansatzes und streift die psychologischen Implikationen nur.

Die Selbsterfahrung des Menschen bedingt sowohl Selbstbild als auch dessen selbstreferenzielle Einstellungen, etwa das Selbstwirksamkeitsgefühl. Beides setzt einen Handlungs- und Erfahrungsraum voraus, in dem wir navigieren, handeln und Erfahrungen machen, die wiederum das Selbstbild konfigurieren. Das Vorhandensein eines solchen Erfahrungsraumes nivelliert bereits die ideologische Haltung eines atomisierten oder totalen Individuums. Ein Individuum, so müssen wir diesen Begriff korrigieren, ist eines, das in Beziehung steht. Die dabei entstehenden Beziehungsgeflechte, und hier sind wir bereits in der Resonanztheorie Rosas, können sowohl soziale Kommunikationen, also Beziehungen zu Menschen, als auch zu Sachverhalten der Natur und Kultur oder sogar zu abstrakten Inhalten einschließen. Entscheidend aber ist die Qualität dieser Beziehungen, die entweder lebendig und resonant, oder tot und (beispielsweise) echohaft sein

37. Rosa, Hartmut: Resonanz, Frankfurt/M., Suhrkamp, 2016 und R., H.: Unverfügbarkeit. Wien, Residenz-Verlag, 2019.

können. Resonanz im soziologischen (und psychologischen) Sinne meint hier: Ich sende mit eigener Stimme, mit eigener Handlung, mit Wille und Absicht, und der Adressat vernimmt die Botschaft, nimmt sie auf, verwandelt sie, sendet Antwort, die wiederum mich erreicht und mich auch zu verändern vermag. Ein Künstler etwa erlebt dann eine resonante Beziehung, wenn sein Bild von einem Publikum rezipiert wird, dieses sich durch das Kunstwerk verwandeln lässt und Antwort gibt. Der Künstler erfährt damit seine Selbstwirksamkeit.

Eine nicht-resonante Erfahrung machen zum Beispiel Schüler, die ihren Stoff auswendig lernen müssen, also keine eigene Antwort geben dürfen, auf Verlangen den gelernten Stoff möglichst unverändert wieder auszuspucken haben, und das Feedback lediglich in einer Benotung besteht, die sich dadurch definiert, wie deckungsgleich, also echohaft, ihre Antwort auf die Frage des Lehrers ausfiel.

Das Entscheidende an dieser Theorie ist ihre Beziehungsorientierung. Sie setzt Resonanzachsen voraus, also Ebenen von Inhalt und Konnotation, auf denen die verwandelnden Botschaften zwischen den Beteiligten hin und her sausen. Diese Resonanzachsen sind das eigentlich konstitutive Element von menschlicher Erfahrung. Weniger das Ich oder das Du sind entscheidend, sondern jenes dritte Element dazwischen, in dem die eigentliche Lebendigkeit durch Austausch und gegenseitige und nur zu einem gewissen Teil selbstgesteuerte Verwandlung des Selbst stattfinden kann.

Während der Radikale Humanismus implizit totale Individualität, Machbarkeit von allem und damit individuelle alleinige Verantwortlichkeit fordert, spricht Rosa von einer notwendigen Erreichbarkeit des Gegenübers, aber auch von dessen Unverfügbarkeit. Seine Argumentation: Das Motiv der Moderne lag im Erreichbarmachen von Welt, sodann in ihrer detaillierten Beschreibung, dann in ihrer Beherrschung und letztlich in ihrer Manipulation. Diese letzten beiden Schritte, die Möglichkeiten der totalen Beherrschung und Manipulation, nennt Rosa *Verfügbarkeit*. Ein Sachverhalt oder ein Mensch ist uns verfügbar, wenn es keine Unwägbarkeiten in dessen möglichen Reaktionen mehr gibt. Resonanz aber ist nur möglich, wenn das Gegenüber einerseits erreichbar ist (nehmen wir an, wir hätten eine Hauskatze), aber andererseits zumindest zu einem Teil unverfügbar bleibt (die Katze entscheidet selbst, ob und wann sie gestreichelt werden möchte – hier entsteht Resonanz durch eine lebendige und nicht-maschinelle Beziehung, in der beide Parteien an Form und Qualität beteiligt sind).

Der Wille zur Beherrschung aller Aspekte von Umwelt führt nun zu ihrer totalen Verfügbarkeit, und diese paradoxerweise zum Verlust resonanter Beziehungen und damit zu einem zunehmenden Wegrücken von Welt. Resonanz benötigt also ein gewisses Maß an Unsicherheit über die Folgen dessen, was wir tun. Totale Verfügbarkeit von Welt macht auch das eigene Handeln zu einem automatisierten Reagieren, das weder unsere Neugierde anregt noch zu Selbstwirksamkeitserfahrungen führen kann. Ein technisch außerordentlich versierter Musiker verlöre das Interesse an einem Musikstück, wenn er das Gefühl haben müsste, ihm nichts, kein Geheimnis oder keine neue Stimmung, mehr abringen zu können. Nicht selten „ringen" Musiker mit bestimmten Stücken, die sie aus der Perspektive von Laien durchaus zu beherrschen scheinen, ihnen selbst aber, je öfter sie es spielen, desto geheimnisvoller erscheinen. Dieses „Ringen" ist resonant: Es verändert den Musiker, es verändert aber auch das Musikstück, das, sagen wir von Hélène Grimaud gespielt, ganz anders klingt und neue Dimensionen offenbart als beispielsweise eine Interpretation von Rubinstein.

Das nichtresonante Gegenbeispiel wäre die totale Verfügbarkeit von Musik durch Streamingdienste wie Youtube oder Spotify, die wir uns ein paar Mal anhören bis wir das Interesse verlieren, weil jene Musik ihre Potenz, uns nachhaltig zu verändern, verloren hat.

Herrschaftseliten, welcher Art auch immer, haben aus dieser resonanztheoretischen Perspektive kein Interesse an der Umsetzung eines tatsächlichen Humanismus. Humanistische Ideale zur Grundlage von Politik, Kultur, Pädagogik, überhaupt des gesamten gesellschaftlichen Lebens zu machen, hieße, ein bestimmtes Maß an Unverfügbarkeit der Menschen akzeptieren zu müssen. Selbstbildung, im Sinne einer eigengesteuerten Entwicklung und kongruenten Ausfaltung der eigenen Persönlichkeit bleibt zwangsläufig ergebnisoffen. Was diese Menschen tun werden, wie sie denken, fühlen, entscheiden, wie ihre Lebensläufe aussehen werden, bleibt unbekannt und überraschend. Wenn Rosas Überlegungen zutreffen, und das große Projekt der Moderne darin besteht, alle relevanten Aspekte von Welt in die totale Erreichbarkeit zu bringen und über sie (und ihre Eigenschaften und Reaktionen) verfügen zu können, schließt dieses Motiv auch die Menschen einer Gesellschaft ein. Die totale Verfügbarkeit von Technik setzt auch die Notwendigkeit der Verfügbarkeit ihrer Anwender und Konsumenten voraus. Ziel des Radikalen Humanismus, als

Pervertierung und Umkehrung des ursprünglichen humanistischen Ideals, ist die absolute Verfügbarmachung der Menschen. Die Zeichen dessen können wir überall erkennen: Totalüberwachung von Großstädten durch Kameras, die Sammlung von digitalen Daten über alle Internetnutzer durch die Großkonzerne der digitalen Welt, die digitale Standardisierung bürokratischer Vorgänge, etwa auf den Finanzämtern, Standardisierungen überhaupt in fast allen humanwissenschaftlichen Bereichen, etwa in Psychotherapie, Medizin und Soziologie, die Zerschlagung von Identitätsankern durch die aggressive Erzeugung von Beliebigkeit bezüglich Geschlechtseigenschaften, Nationen- oder Kulturzugehörigkeiten und Berufsausbildungen.

Ein tatsächlicher Humanismus würde Menschen zwar erreichbar (ansprechbar, hörbar, partizipierbar) aber in ihrem Verhalten unverfügbar, weil unvorhersehbar, machen. Diese Unvorhersehbarkeit ist der Kern einer partizipatorischen Demokratie. Ohne diese verkämen demokratische Prozesse zu einem bloßen Schmierentheater mit vorprogrammierten Ergebnissen, da auch die Menschen in ihren Entwicklungsmöglichkeiten und Einstellungen programmiert wären. Die totale Verfügbarmachung von Menschen käme einer Automatisierung des gesellschaftlichen Lebens gleich, in der für überraschende Persönlichkeitsentwicklungen kein Platz mehr sein würde.

Die Unverfügbarkeit der Mitwelt (Mitmenschen, Inhalte, Sachverhalte, gesellschaftliche Fragen, kulturelle Entwicklungen) zwingt zu Wachheit und Aufmerksamkeit. Die Folge ist eine erhöhte Selbstwirksamkeitserfahrung von Menschen, damit ein erweiterter Erfahrungsraum und damit mehr Möglichkeiten zur Selbstaktualisierung. Ein Humanismus als generelle Wertschätzung des Menschseins braucht die Unverfügbarkeit. Ein thymotisch starker Mensch wiederum braucht einen solchen Humanismus als gesellschaftstragende Ethik. Lebendigkeit und Lebensintensität sind nur so möglich.

Wir sprachen von Entkörperungen und Entselbstungen als Phänomene postmoderner und technisierter Gesellschaften. Entkörperungen reduzieren Erfahrungen auf wenige Sinneskanäle, engen den Erfahrungsraum zu einem schmalen Erfahrungskorridor ein. Eine vollständige Begegnung zweier Menschen findet auf vielen Sinneskanälen gleichzeitig statt. Die aufgenommenen Informationen aus Körperwahrnehmung, Geruch, Optik, Akustik und einiges mehr verdichten sich zu einem ganzheitlichen Perzept, das wiederum die Stärke und Qualität der Resonanzachsen beeinflusst.

Im Sinne dieser Ganzheitlichkeit von Erfahrung müsste man von Resonanzfraktalen sprechen: die allgemeine Stimmung der Begegnung ist der größte Raum des Mandelbrotfraktals; aus dem wachsen die kleineren, die die Grundinformation entweder auf Körperwahrnehmung, auf Emotion, auf Mentales und so weiter replizieren und auffächern. Aus diesen wiederum entstehen neue Fraktale, nun leicht verändert, da in der Begegnung beide Beteiligten ihre Informationen auf allgemeine (das große Fraktal) und besondere und spezielle Weise (die kleinen und noch kleineren Fraktale) beisteuern.

Resonanztheoretisch liegen die Ursachen für die verschiedenen Entkörperungen und Entselbstungen in dem Verzicht auf die kleinen und kleineren Fraktale, in der Reduzierung der Resonanzachse auf zum Beispiel nur einen Sinneskanal (etwa in digitalen Chats), oder in einer

Reduzierung kognitiver Aufmerksamkeit (etwa durch die Gewöhnung an Navigationsgeräte in Autos), aber auch in metaphysischen Auslassungen, vor allem durch die Vermeidung lebensrelevanter Themen. Letzteres betrifft unter anderem Krankheit, Tod, Alterung, Unfälle, Erfolg und Scheitern, Unwägbarkeiten in Partnerschaften und Beruf.

Sinnvoll wäre hier eine Akzeptanz der Risiken, die das Leben mit sich bringt und das Erkennen der oft unbewussten Flüchte in konstruierte (Ver-)Sicherungssysteme, die in Wirklichkeit das fragliche Risiko keineswegs ausschalten, uns aber Vermeidung und Verdrängung erlauben.

Eine Resonanzachse speist sich also aus der oben genannten komplexen Wahrnehmung und unseren kognitiven Einstellungen, die bestimmte Lebensbereiche entweder zur Kenntnis nehmen und integrieren oder mehr oder minder erfolgreich verdrängen.

Diesen beiden groben Zutaten von Resonanzachsen wären die Absichten und der Wille der Beteiligten hinzuzufügen, also deren Antizipationen des für sie jeweils Wünschenswerten, die deren Handlung und Kommunikation leiten werden. Umgekehrt aber werden auch diese Absichten gespeist aus den metaphysischen und psychophysischen Einstellungen und Überzeugungen, wiederum abhängig davon, ob diese zugelassen und integriert oder vermieden werden. Dieses Durchdrungensein der verschiedenen Seins- und Resonanzaspekte erlaubt die Formulierung einer „fraktalen Resonanz“, bei der jedes kleine Fraktal die wesentlichen Informationen des größeren Fraktals enthält und umgekehrt.

Die Schlussfolgerung aus diesen Überlegungen ist so schlicht wie bekannt: Erfahrungen sollten auf so vielen Seinsebenen stattfinden wie die Situation erlaubt. Im Zweifelsfall sollten Menschen es bevorzugen, sich zu treffen, statt zu chatten. Man sollte im Zweifelsfall seine grobe Orientierungsfähigkeit trainieren, statt routinemäßig auf Navigationsinstrumente zurückzugreifen. Ohne emotionale Beteiligung wird bei Schülern kein überdauernder und wirksamer Lernprozess stattfinden können. Und um ein letztes Beispiel zu nennen: Zumeist ist Sex mit Liebe besser als ohne.

Nicht umsonst formulierte Rosa als Untertitel seines Buches *Resonanz: Eine Soziologie der Weltbeziehung*. Wären wir in der Lage, auf diesem oder ähnlichen Ansätzen eine Psychologie der Gemeinsamkeit von Welt zu etablieren, hätten wir die Basis für eine Ethik und eine Weltsicht, die das Wir betont, dem Einzelnen einen Platz in einem größeren Ganzen ermöglicht und damit durch die Idee eines Gefüges, das den Einzelnen einschließt, auch stabile Identitätsgefühle möglich macht. Der Radikale Humanismus verlöre seine Radikalität und fände zu seinen ursprünglichen Idealen von Gleichberechtigung aller Menschen (da alle Teil des Resonanzgeflechts wären) und dem Wert jedes Menschen für Gemeinschaften (da ohne diese Gemeinschaft keine resonante, also lebendige Selbsterfahrung möglich wäre) zurück.

19

Was geboten ist

Der ursprüngliche Humanismus richtete den Blick auf den Menschen und seine potentiellen Möglichkeiten und Fähigkeiten. Dem einzelnen Menschen wurde ein metaphysischer und ethischer Wert zugesprochen. Und dennoch blieb er eingebettet in ein größeres Gefüge, was auf die Macht des Christentums zurückzuführen war. Das Grundbedürfnis nach einem solchen Eingebettetsein hält sich implizit bis heute, auch wenn ihm in der herrschenden Doktrin keine Bedeutung mehr beigemessen wird. Schauen wir aber in die Entwicklungspsychologien, sehen wir, dass kaum ein Modell ohne die explizite oder zumindest implizite Annahme eines „Größeren", dessen Teil der Mensch ist, auskommt. Seien es die detaillierten Beschreibungen früher Bindungen, die nie ohne mindestens ein Gegenüber denkbar sind, seien es soziale Netzwerke, die Peer-Beziehungen bestimmen und damit die Persönlichkeit formen, seien es transzendente Bestrebungen hoher Reifestufen, von denen Abraham Maslow oder Carl Rogers sprechen – es gibt keine ernstzunehmende Entwicklungstheorie, in der ein Mensch als atomistisches Individuum vorgestellt wird.

Der Humanismus ist eine der größten Errungenschaften des Abendlandes. In seiner direkten Folge entstanden die deutsche Sturm-und-Drang-Bewegung, die Aufklärung in England, Frankreich und Deutschland, entstanden Philosophien, die die Würde und den Wert eines jeden einzelnen

Menschen proklamierten. Sklaverei, Ungleichheit vor dem Gesetz, Religionszwang, Ausschluss von Frauen von gesellschaftlichen Rechten und Rassismus standen zunehmend auf dem Prüfstand und wurden verworfen.

Doch dieses Menschenbild hat nur dann einen Sinn, wenn es als Wertekomplex in sich frei und unabhängig bleibt. Es muss als autonome Größe im gedanklichen Kollektivraum stehen; niemand darf Anspruch auf dessen Exklusivrechte erheben. Die Werte der humanistischen Aufklärung sollten als ethischer Überbau die aktuellen Diskurse der Gesellschaft überspannen. Sobald dieses Menschenbild aber von mächtigen Interessengruppen okkupiert wird, verliert es seinen richtungsgebenden Charakter, wird verzerrt und pervertiert und wird Ideologie. Aus den großen Idealen des Humanismus konnte so ein Monstrum in Form des Radikalen Humanismus werden, das vom Menschen radikale Vereinzelung und Identitätsverlust verlangt, und dessen Gefährlichkeit mit positiv konnotierten Begriffen getarnt wird: Begriffen wie Freiheit – statt Unsicherheit und Entwurzelung; Individualität – statt Entfremdung und kollektive Atomisierung; Selbstsuche und Selbstverwirklichung – statt Entfremdung von sich selbst und Kontaktverlust zu den basalsten Signalen des eigenen Wesens.

Der Radikale Humanismus als ideologisches Wertesystem des Neoliberalismus hat in der überwiegenden Mehrheit der Bevölkerung eine generelle Mitmachbereitschaft für die absurdesten Entscheidungen von Wirtschaft und in der Folge von Politik erzeugt. Der Handlungs- und Entscheidungsspielraum der Menschen wird dadurch enger und damit die möglichen Erfahrungen von Selbstwirksamkeit und Teilhabe weniger. Stattdessen nimmt der

Druck, den einmal erreichten Lebensstil aufrecht zu erhalten, zu, wobei die Qualitäten dieses Lebensstils ebenso in Frage zu stellen wären. Es resultieren psychische (neue) Symptome wie Burnout, chronisches Stresserleben, eine Zunahme von Aufmerksamkeitsstörungen, Angststörungen und Depressionen.

Der Inhalt des Satzes „Sei du selbst!" ist wahr, wenn er als innere und selbst errungene Größe unser Entscheiden und Handeln leitet. Wenn der Satz aber als fremdbestimmte Anweisung an Menschen gerichtet ist, wird seine innere Wahrheit nivelliert und dieser Satz zu einem Machtinstrument, gleichsam zu einer Peitsche, die den zwangsindividualisierten Menschen der Postmoderne über den Parcours des neoliberalen Kapitalismus treibt.

Tritt eine Ideologie mit der Aufforderung „Sei du selbst!" an uns heran, wäre ebenso bestimmt zu antworten: Dazu bedarf es keines Befehls.

Erobern wir uns die Deutungshoheit über unser Sosein zurück. Folgen wir unserer menschlichen Natur, die nicht nur, wie der Neoliberalismus behauptet, egozentrisch und eigennützig, sondern vor allem resonanzfähig und auf ein Leben in Gemeinschaften ausgerichtet ist.

Weltbeziehung heißt immer, in einem resonanten Kontakt mit den relevanten Aspekten von Welt zu sein. Das eigene Selbstverständnis, die Möglichkeit, sich zu entwickeln, zu lernen, sich zu transformieren und transformieren zu lassen, ist abhängig von der Art und Weise, wie wir in die Welt hineinsenden und wie die Welt sich durch uns verändern lässt, wir also Selbstwirksamkeit erfahren, und wie wir, wie der Soziologe Hartmut Rosa es treffend nennt, uns von der Welt und ihren Gegebenheiten und Antworten

„anverwandeln" lassen. Wird dieser Resonanzkontakt eingeschränkt, erfahren wir uns immer weniger. Und je weniger Selbsterfahrung wir machen können, desto mehr entfremden wir uns von uns selbst, da es an entsprechenden Erfahrungsreferenzen fehlt.

Es gilt also, den Mut zu entwickeln, scharfe Blicke hinter die Masken freundlich scheinender Begriffe und Ideologien zu werfen, ihre verborgenen Motive offenzulegen, uns gegebenenfalls dagegen zu entscheiden. Wir haben das schon einige Male geschafft: Die westliche Welt hat irgendwann der etablierten und tradierten Sklaverei eine Absage erteilt, Frauen traten für Gleichberechtigung ein, Schwarze gegen Rassismus. Zwar sind diese Kämpfe noch nicht ausgefochten, aber die Anfänge und Fortschritte dessen lassen sich nicht rückgängig machen – ein Erfolg. Insofern, auch wenn wir es mit einem schier unüberschaubaren Wust an ideologischen Verwirrungen zu tun haben, ein wahrer Augias-Stall, den es auszumisten gilt, gibt es doch Grund genug, zuversichtlich zu sein. Auch wenn es vielleicht rabiater Mittel bedarf, etwa der Umleitung eines Flusses, um den ganzen Mist hinauszuschwemmen.

Eine abschließende Botschaft in Form einer Lösung wird es nicht geben. Das thymotische Motiv des Lesers und seine kognitive Mündigkeit wird das angemessene Resümee zu ziehen wissen.

Insistierte man aber auf einen letzten Satz, eine einzige und letzte Empfehlung, sie hieße:

Konzentriert euch und seid achtsam! Es wäre der Vereinzelung entgegenzuwirken, indem ein Bewusstsein für größere Zusammenhänge kultiviert wird; größere Zusammenhänge im metaphysischen aber auch im konkreten sozialen Sinne, das heißt im achtsamen Umgang der Menschen miteinander. Wir sind nicht allein. Wir sind immer eingebunden in ein empathisches Lebens-Gewebe auf diesem Raumschiff Erde.

Matthias Thiele

UND IM ABGRUND WOHNT DIE WAHRHEIT

Fassungslos steht Milos vor den Trümmern seiner bürgerlichen Existenz. Seiner Lebenslügen überdrüssig wagt er einen letzten Schritt und läßt alles zurück. Als er in Indien der schönen wie geheimnisvollen Theodora begegnet, nimmt seine Reise eine ungeahnte Wendung, die ihn in die Abgründe seiner Vergangenheit und der Liebe wirft.

Roman

360 Seiten; ISBN: 978-84-946284-3-6, € 19,90